解说解说

徐辉 著

CUCP 中国传媒大学出版社
·北京·

图书在版编目（CIP）数据

解说解说/徐辉著一北京：中国传媒大学出版社，2018.5
ISBN 978-7-5657-1937-0

Ⅰ．①解… Ⅱ．①徐… Ⅲ．①播音一语言艺术一研究 ②主持人一语言艺术一研究 Ⅳ．①G222.2

中国版本图书馆CIP数据核字(2017)第036850号

解说解说
JIESHUO JIESHUO

著　　者　徐　辉
策划编辑　赵　欣
责任编辑　赵　欣　张　笛
特约编辑　高卓毓　王丽明
责任印制　曹　辉
装帧设计　程丽雅　韩　煦

出版发行　中国传媒大学出版社
社　　址　北京市朝阳区定福庄东街1号　邮　　编　100024
电　　话　86-10-65450528　65450532　传　　真　65779405
网　　址　http://www.cucp.com.cn
经　　销　全国新华书店

印　　刷　福州报业鸿升印刷有限责任公司
开　　本　787mm×1092mm　1/16
印　　张　18
版　　次　2018年5月第1版　2018年5月第1次印刷

书　　号　ISBN 978-7-5657-1937-0/G·1937　定　　价　58.00元

目 录

Contents

素养积累

创新传承

后记

序

序

体育解说，经历了从最初的体育播音员到后来体育评论员和解说员共存的阶段。现在，体育解说已经约定俗成地成为一种职业名称，我们习惯把从事这个职业的人称为解说员。

那么，体育解说的解与说，到底是解为重，还是说为主？围绕这两个字，考察解说职业的发展演变，我们发现，从广播时代的描述评论到电视时代里更多的分析评论，由于解说员所处的时期不同、媒体环境不同、受众需求不同，解与说的内涵在不同时代自然就有差别，解说员承担的传播职责也不完全一样。我们把目光更多地停留在考虑当下的解与说的问题，会更具价值。

我的理解，解就是解读剖析，让人明白比赛本身是如何进行的；说则是在现象基础上的评价和讨论。相比于体育解说职业发展的早期，在体育传播高度发达的今天，“说”这个更能彰显媒体品牌和解说员价值的语言表达样式占的比重越来越大，也就是说，评论日益成为解说员的主要工作。

然而，无论哪个时期，解说员所承担的工作并非仅仅停留在简单的描述、分析和评论。作为媒体话语权的掌控者也好，作为播音员、主持人的责任延伸也罢，解说员都应在传播的同时发挥积极的引导作用。这种引导既要导向正确，又要符合主流价值观。所以，体育解说是体育传播领域里一项专业性很强的工作。体育解说员承担着媒体责任，是专业媒体人，是播音员、主持人的类型分支。张颂老师在《中国播音学》中，把体育解说列为十二种主要的播音文体之一，也是基于这种理解。

曾任新华社社长和广电部部长的老一辈媒体人吴冷西说过："体育解说是一种相当高级的艺术，是解说员思想状况、文化修养和专业知识的综合反映，每一场体育比赛的转播都是对解说员的一次全面考试。"可见，体育解说工作对从业者的职业素养要求很高。对于想从事这个职业或者是已经在学习解说的人来说，认真了解体育解说这个行业是怎么回事，确有必要。

徐辉

2017年夏于福州

实战解惑

案头准备是静态的，但从第二手资料中挖掘出有用的信息为我所用，却体现出解说员对信息的动态捕捉。

解说前的准备

每一次的赛事转播，时间无法逆转，细节不可修补，直播当中还会遭遇不可预见的状况。因此，对解说员而言，转播前做好充分准备非常必要。

解说员要在案头工作上下足功夫已成为一种共识。除了依靠平时的积累，还应做有针对性的信息搜集工作。案头准备是静态的，但从第二手资料中挖掘出有用的信息为我所用，却体现出解说员对信息的动态捕捉。比如，比赛双方的最新技术统计数据、有关阵容的最新消息、球员训练状态、最新伤病动态、周边相关事件报道可能对比赛心理造成的影响、可能的天气变化趋势、比赛日有无有关纪念日安排、场地保养是否正常，等等。尤其是很多与比赛密切相关的信息，会在临近比赛时释放出来。这些既是球迷关注的内容，也是解说员把一场比赛解说透彻所需之材料。

直播伊始，解说员往往利用赛前短短几分钟介绍比赛的相关背景，此时的解说就应该包括上述信息及评析。很多球迷会非常认真地听完这部分相对集中的介绍，从而带着自己的判断来观看比赛。对这些信息的期待，也成为观众收视习惯的一部分。

解说员除了要始终保持对赛事信息的关注，还要通过多种渠道、多个专业媒体比照印证，以保证信息传递的全面、准确。一般来说，解说员的资料主要来自国内外专业体育媒体官网，包括从官网上获得官方发布的比赛动态、运动员数据、赛事公告、会议通知、处罚决定等。这些官网所提供的数据虽然绝大多数情况下是权威准确的，但也有例外。比如，2012年11月6日，中国篮球协会官方网站遭到黑客攻击，此后长达58天都未能恢复正常。11月24日中国男子篮球职业联赛(以下简称CBA)正式开打后，失去了官网的数据支撑，同期的几大门户网站对CBA的比赛技术数据的统计(诸如得分和上场时间等)都有出入，让报道联赛的记者叫苦不迭，也给转播比赛的解说员带来很大影响。因此，解说员需要有冷静、专业的头脑做好临场信息的采集和分析工作。即便如此，解说员在转播中释放出去的信息在事后被证明有误的情况依然屡见不鲜。

另外，综合新闻网站虽然信息传播速度很快，但因专业性不足，容易造成信息的不完善。有的信息没有具体来源，有的信息引用不完整，有的信息表述不准确，有的信息甚至出现偏离事实的情况。因此，除了参考网络资料，解说员还应利用专业媒体人的身份，加强与赛事协会、专家顾问、教练员、运动员以及同行之间的信息沟通和互动，特别是与同行之间的信息交换、信息验证尤为重要。这样做不仅能更多地了解事实本身，还可以进一步丰富信息细节，对准确、恰当地使用动态信息大有好处。

和体育比赛一样，电视体育转播工作自身也会有意外发生。如果出现变动，一个规范的媒体制定的应急预案就会发挥作用。

解说员有责任随时服务于团队要求。比如提前到岗，以配合团队的赛前工作；提前“踩场”，解说员可以事先了解现场情况，为应对意外和突发状况做些准备。

不同情况下，转播团队对解说员有不同的到岗要求，但解说员至少应该提前30分钟到达演播室，以便配合技术准备，与技术员确认耳机和通话系统是否正常，信号传输是否正常，比赛或者转播时间是否有临时变动等。另外，解说员要熟悉转播嘉宾的背景情况，到达转播席后应先与嘉宾进行有关身份确认、话题尺度、分工配合、应急处置等方面的沟通。可能的话，通过提前传送的现场图像对比赛现场运动员的状态、观众氛围等获得直观感受，让自己尽快找到状态。

转播前的准备工作还包括诸多细节。比如，安排好生活琐事，避免措手不及；服装要得体，不至于穿得太多出汗难受，也不会因气温太低而感冒；准备水杯以润喉解渴；提前解决内急等。当然，有些状况是防不胜防的。孙正平老师在他的《声涯》一书中回忆起经历过的最热的转播，最后居然赤膊上阵，原因是场地方提供的遮阳伞无法遮挡强烈的阳光。我们的前辈在烈日炙烤中咬牙坚持下来了，但解说中的煎熬可想而知。

现在的转播通过电视传输时，网络媒体和手机终端同时在线，并且成为主要的互动渠道。解说员会利用自媒体平台实现和粉丝的实时互动。因此，在转播前维护好在线互动功能也是非常重要的准备工作，比如一手信息的预告、看点的反复提醒、话题的及时采集、问题的及时回复等，都会对稍后开始的转播产生积极影响。

下面的图片摘自中央电视台解说员贺炜的微博，记录了他在转播2015年澳大利亚亚洲杯决赛前的案头准备及现场情况。

▲ 2015年澳大利亚亚洲杯决赛解说员工作台

作为解说员，如果你在比赛现场，可以把开场信息分为三种类型：赛前演播室节目信息的补充、现场的独家感受和参赛者的临场细节。这些信息的采集者就是现场的你。

还要念出场名单吗

一次完整的赛事转播，有赛前演播室节目、比赛过程直播（包括解说）、休息时间演播室节目和赛后访谈等常规版块。一般情况下，解说员并不全程参与而只是负责比赛的解说部分，偶尔也有解说员会同时担任演播室主持人。那么当比赛开始时，解说员该如何引导观众进入比赛？解说创作的起点该是怎样的？

毋庸置疑，赛前演播室节目是当下电视体育转播中最为着力渲染的部分。气氛的预热、看点的交流、关注度的积累，都要在这至少半小时甚至更长的时间里完成。一些重大或关注度极高的比赛的赛前演播室节目更是浓墨重彩。比如，2008年北京奥运会上刘翔参加110米跨栏预赛的时间是上午11点，早上8点开始的演播室节目就已经紧紧围绕这个十几秒的比赛展开了预热。节目中，观众可以了解即将到来的比赛，包括参与者是谁，过往成绩如何，有哪些技术特点和常用战术等。节目中还会时常把主画面切换成现场画面，比如队员车辆到达赛场、队员进场热身、现场观众席的画面等。在比赛开始前，演播室的主持人和嘉宾实际上已经在针对画面讲解和评论了。只有当赛前“倒一”广告结束，画面切换到比赛场地，解说的工作才真正开始。这时候，比赛打响，话筒也交给你了，你该如何开始呢？

这时，你的脑海里是否闪现出那个响亮高亢的声音：

> 中央人民广播电台、中央电视台，中央人民广播电台、中央电视台。各位观众、各位听众，台湾同胞们，港澳同胞们，海外侨胞们，现在我们是在日本东京代代木体育场向您现场直播第四届女子排球世界杯决赛。比赛双方是中国国家女子排球代表队和古巴女子排球代表队。比赛马上就要开始了！

是啊，这个令人感到熟悉而亲切的声音，其实已经很久远了。在解说前辈们开创这个行业的年代，电视或者广播的传播手段还无法像今天这样丰富多样，更多的信息只有依靠现场解说来传递给观众。在比赛开始前时间紧迫的情况下，解说员需要尽可能快地完成呼台号、介绍赛制和介绍比赛重要性等工作，有时还要像召开大会一般介绍到场观赛的重要领导，然后逐个报告上场队员名单、教练组名单、当场裁判员名单等。这使得解说节奏一开始就处于一个快速紧张的状态。比赛时，这种紧张的节奏也会不可避免地延续下去。久而久之，体育解说给人们留下一种印象，那就是要成为“快嘴”，要先练练绕口令。

如今的赛事转播中，基本背景介绍已经前移至赛前演播室节目中。解说员不必担心在比赛开始时观众对基本情况不了解，解说创作是在拥有共同的背景资料的情况下进行的。这个开场，解说应该呈现更多动态的特点，提供的信息是正在发生的、正感受到的，对观众已知的信息形成补充和延续。

作为解说员，如果你在比赛现场，可以把开场信息分为三种类型：赛前演播室节目信息的补充、现场的独家感受和参赛者的临场细节。这些信息来源的核心就是现场的你——你自己观察到的、体会到的与比赛有关的最新动态。比如介绍你对现场气温、湿度、风力的感受，让观众理解球员是在何种身体感觉里比赛；介绍球迷营造的氛围，他们来自哪里，如何分区落座，呐喊的内容等，这些是转播画面无法细致交代的；还可以介绍你自己了解到的独家信息，比如与比赛有关的鲜活内容，对现场观察到的事件进行的分析，现场发生的与赛事组织有关的小故事等。

如果你不在现场，就应该通过网络、熟识的记者或其他可以证实的渠道，尽量多地去获取相关信息，增加观众的现场感。在比赛的开始阶段，你还应该帮助观众发现那些与预期不同的临场变化，使观众得以顺利开始欣赏比赛。比如比赛队员在场上的实际站位分工出现调整，上场队员临时调换等都是观众在第一时间需要了解的。接下来，才是依据比赛进程，帮助观众理解和享受比赛，展现解说才华。你会发现，这样的开始是不知不觉中自然发生的，不需要刻意铺垫和安排。

2016年2月16日，2015—2016赛季欧洲冠军联赛（以下简称欧冠）八分之一决赛开始首轮比赛，巴黎圣日耳曼队在主场迎来切尔西队。鸣哨前的转播画面给出了比赛双方的首发阵容和阵型图，但是比赛开始后不到三分钟，解说员詹俊和张路马上敏锐地指出，切尔西队的实际阵型不是赛前显示的4312，而是4231。就这个话题，张路还从当天先发队员的特点，作出了该阵型还有可能随着比赛需要演变为4411的判断。这样的开场解说，虽没有预设的人员介绍，但是根据实际变化，因势利导，巧妙而自然地使观众及时了解了上场球员的特点和球队打法。

当然，解说员作为专业转播团队或媒体机构的成员，有些环节是必须完成的。比如为了强调为观众提供服务的转播机构，必须在比赛开始时呼叫台号，有时一次不够，半场休息回来还要再重复一遍；比如为了显示转播实力和认真态度，需要刻意介绍先进的转播技术和专业的转播团队，这些内容对转播的比赛本身来说没多少实际意义，无关体育解说创作，却是解说员作为媒体人的工作内容。

最后，回答标题里提出的问题：还要念出场名单吗？

出场名单是赛前信息的重要组成部分，介绍出场名单的重点在于交代实际名单与预期的变化，变化意味着什么？打法变了？还是要后发制人？回答这些问题是向观众介绍名单的目的，如果只是照本宣科，自然没有多大意义。

解说员在比赛现场接收的信息会更加丰富，尤其在一些场面较大的比赛中更是如此。比如在足球比赛的现场，解说员可以从容观察到运动员跑动位置和传球线路的变化，把握比赛的整体进程，及时了解战术变化，解说也就更准确到位。

如何利用现场

现场转播往往会给观众提供更丰富的信息、更有说服力的细节、更动人的氛围。身在比赛现场的解说员更容易融入现场，从而让自己的解说更自然、鲜活、有感染力。

亲临比赛现场的确会给解说员带来诸多便利。

便利一：获取第一手信息。一般来说，为了保证转播质量，解说员和转播团队会至少提前一天进入比赛场馆进行技术布置和测试，有些场地需要技术工程师和转播导演多次考察和沟通。这样一来，解说员会有足够多的机会对现场环境进行充分了解。出于赛前报道的需要，采访团队会利用这些时间接触提前到场地进行训练的运动员、教练等人，这会帮助解说员更早、更多地掌握第一手信息。解说员可以对这些信息进行整合和分析，发布独家信息。

当然，如果像英格兰足球超级联赛（以下简称英超）著名评论员乔恩·钱皮恩那样，每次转播前都能深入现场，甚至从球队主帅那里获得信息，就再好不过了。自1988年第一次在纽卡斯尔队主场解说后，20多年的现场解说使乔恩对球场附近的情况非常熟悉，知道哪个酒吧是球迷最喜欢的，知道“死忠”球迷在加罗特看台的有趣故事。乔恩说，他每次来到纽卡斯尔后要做的第一件事，就是和球队的主教练以及助理教练取得联系，比如在赛前通个电话，他们会给乔恩透漏一些信息，乔恩可以将这些信息用在解说评论中。在纽卡斯尔功勋主帅博比·罗布森执教期间，他会在每次赛前两个小时给乔恩打个电话，告诉他关于阵容安排、伤病情况等信息。2015年12月7日，纽卡斯尔队在主场迎战利物浦队。乔恩作为解说员，在赛前为配合某节目的录制，向观众介绍了他在转播前的工作情况。

▲ 乔恩向观众介绍工作情况

通过画面我们可以看到，提前入场的乔恩在场边等候时，裁判主动与乔恩打招呼并简单交流。乔恩还专门来到主队教练的办公室，拜访了时任主教练史蒂夫·麦克拉伦。在双方赛前的休息室和准备区，乔恩向技术官员了解双方安排的上场球员的情况，为即将开始的解说做充分准备。我们深知，解说员在比赛现场与球队之间开展良好互动的机会并非轻易获得。可一旦获得，取得第一手信息就如囊中取物。

▲ 乔恩与裁判握手

便利二：捕捉鲜活细节。一般来说，身临其境是创作一场高质量解说的最佳条件，有很多经典解说就是这样产生的。在排除了现场声音偏大、环境嘈杂等因素的影响后，解说员应利用现场氛围充分调动情绪，在转播过程中适当增加与现场有关的细节来丰富比赛信息。比如，当电视转播的画面始终围绕场上的争夺时，观众是无法看到场外的教练席、裁判席或者观众席的画面的。而现场的解说员，常常有机会观察到这些区域的动态。比如教练员换人时让球员先到指定区域做好准备，换不换，什么时候换，换谁等，在现场的解说员会先于观众看到。解说员在比赛现场接收的信息会更加丰富，尤其在一些场面较大的比赛中更是如此。比如在足球比赛的现场，解说员可以从容观察到运动员跑动位置和传球线路的变化，把握比赛的整体进程，及时了解战术变化，解说也就更准确到位。室内比赛如篮球、排球的转播，如果转播席位足够近，解说员可以观察到场边教练的言语、情绪、举止等，这可以帮助解说员更好地理解教练的战术。

身处比赛现场，解说员感受到的是与演播室完全不同的氛围。有时，成千上万人共同营造的声场撼动人心，有时整个看台会伴随观众制造的声浪而震动。有些场馆可以为电视转播提供封闭的转播席或包厢，但多数情况下转播席是被设置在主席台一侧的看台的，它与观众席最多只有几米的安全区隔。如此情形之下，解说员很容易被现场气氛所影响，如果解说员个人对比赛的某一方怀有倾向性，就很难做到客观、冷静。

2016年2月26日，2015—2016赛季的CBA季后赛半决赛首轮，辽宁队和广东队的比赛出现了很大的争议。比赛还剩最后3.6秒时，为了一个界外球的归属，主裁判班琦现场观看录像回放达5分钟之久，最后把球权判给主场作战的广东队。对于这次判罚，观众和媒体都表示不解，辽宁队还准备上诉。

面对这样一个事件，解说员需要了解的信息是非常多的，尤其是对规则的解读、裁判把握规则的尺度等。一般情况下，解说员并不容易对此作出快速反应并清晰地进行讲解。中央电视台的解说员和嘉宾，也未能第一时间就班琦的判罚给予足够清晰的解读，解说员刘星宇在赛后发布的个人微博里，甚至也表示了对判罚的不解。

在具有争议的话题持续发酵两天后，双方的第二场比赛移师辽宁队主场进行。在转播画面中我们发现，著名篮球评论员苏群坐在了现场技术监督席的旁边，他前面的牌子上写着“新闻监督”的字样。

▲ 苏群前面的牌子上写着“新闻监督”

苏群当晚在发布的长微博里，对自己了解到的当时的判罚情况做了说明，同时从专业角度介绍了CBA裁判界的现状和联赛必须面对的“国情”。文中还说了这么一段话：

> 每个赛季，我都会有多次机会“下基层”。尽管每次要耽误三天的解说，但你不到实地查探，就没有发言权，这是体验生活。作为媒体监督（代表），我的职责只是为记者的工作创造采访条件，监督赛区的媒体服务。但这给我提供了大量和裁判相处的机会：比赛当天上午，我要参加技术代表、主办赛区、总经理和教练员、公安和保安的联席会，赛前则要参加裁判的准备会。作为一个门外汉，我通过向他们请教来提高自己对FIBA（国际篮球联合会）规则的认识，结合自己对NBA（美国男子职业篮球联赛）规则的学习，尽量让自己变得专业一点。直播的时候，我会把“半瓶子醋”尽量说给观众听，以求共同提高。

苏群亲历现场，尽管不是担任解说，但他把从现场获取的信息服务于解说。

2014年巴西世界杯揭幕战，由原中央电视台主持人刘建宏和足坛名宿朱广沪搭档解说，但朱广沪的解说引来无数网民吐槽。有网友戏言，朱广沪像第一次看球的孩子，频频一惊一乍。如果不看画面，仅听他解说，还以为巴西队进了六七个球。这场比赛之后，朱广沪则在接下来的解说中很少说话，结果再次成为吐槽的对象，被称为“捧哏型解说”。

对于朱广沪在揭幕战解说中的表现，中央电视台解说嘉宾张路在参加第二天《豪门盛宴》节目时，从“现场”的角度做了这样的解读：

> 他们是在现场解说，现场看球，心就浮起来了，不像我们在演播室说球，比较安静，可以静下心来思考。球场那么宏大的一个场面，声音嘈杂，那种气氛，让你的声音不由自主地往上飘，很难去分析一些事。我在现场说过球，确实不如在演播室那么得心应手。

可见，在赛事现场进行解说，确实要应对多种干扰因素，以防受到现场影响。

在现场，有经验的解说员往往要求佩戴双耳的封闭式监听耳机，一方面保证及时听到导播在耳机里的提示，另一方面可以减少现场声音的干扰，正确判断通过转播传送出去的声音的音量，进而控制好自己的声音。否则，当解说员音量偏高时，会让受众听起来有“喊”的感觉。这既会使解说员感到疲惫，也会使解说与转播背景音极不协调。当解说员需要通过现场声音进行判断，或为了方便与嘉宾交流时，会适当挪开半边耳机，让更多现场声进入自己的耳朵。

当然，转播一场重大的比赛时，解说员在比赛现场解说的“利”远远大于“弊”。目前，现场解说也越来越成为转播赛事的常规手段。只是，解说员在充分利用现场便利的同时，还要清楚如何才能不被现场干扰和影响。

解说员把有逻辑关系的看点和比赛中影响胜负的因素介绍给观众，仿佛电影预告片，给观众一种心理暗示，使观众在比赛一开始就和自己共同步入探寻和欣赏的轨道。

如何发现比赛的看点

一场精彩的比赛，就像一部成功的电影，有充满悬念的铺垫，有引人入胜的过程，有可供回味的段落。观众虽然看到了电影的预告片，但对剧情如何发展仍然充满期待。

如果把运动员比作演员，把教练员看作导演，那么解说员就像影评家。优秀的解说员首先应该知道如何发现比赛的看点，进而把它们作为比赛的预告片传递给观众，然后和观众一起开始这场未知的旅程。

看点究竟在哪里？

多数时候，胜负的悬念是最大看点，而影响胜负的各种因素如何出现是阶段性看点。在胜负之余，技巧、智慧和力量共同构建的运动魅力又成为主要看点。遵循这样的规律，解说员就不难发现看点，构建自己的解说逻辑，引领观众欣赏比赛。

面对一场比赛，解说员首先会根据自己对比赛项目的熟悉程度作出初步分析、判断。解说员对项目特点、项目的一般性比赛规律、参赛方的过往表现、参赛队伍的战术特点和获胜欲望等进行逐个分析，由此对比赛的趋势作出预估，并提前判断出影响这个趋势的情形大概会出现在哪些方面。

这样一来，解说员的心里就构建起一条逻辑链。这条逻辑链由如果怎样就会怎样，不如此可能会如何，以及为何会如此发展等一连串假设组合而成。串起这条逻辑链的各个关键点就是比赛中的阶段性看点。每出现一个看点，就意味着一段逻辑关系的发展。解说员把有逻辑关系的看点和比赛中影响胜负的因素介绍给观众，仿佛电影预告片,给观众一种心理暗示，使观众在比赛一开始就和自己共同步入探寻和欣赏的轨道。

每一次对预期的成功印证都给观众一种顺利推进的心理鼓励，而每一个未能预料的变化，就像是剧情的转折，有意外，有惊喜，会增加新的悬念，带来愉悦或紧张的观赛体验。解说员也会在这同样的感受里梳理、调整逻辑关系，在比赛结束时伴随这种感受作出总结。

例如，2013－2014赛季的NBA总决赛是热火队和马刺队的新老对话。马刺队的老将们曾经在总决赛舞台击败了年轻气盛的热火队队员。当日渐成熟的热火队再度面对马刺队，历史会再次重演，抑或新人的时代已经到来？这是这次决赛的最大看点。解说员需要建立两种截然不同的逻辑链，一种是热火队赢了马刺队，另一种是马刺队屹立不倒，其中影响比赛向两个不同方向发展的因素就是比赛的阶段性看点。解说员以这些看点为基础，在每场比赛的赛前和观众共同分析、探讨，在比赛过程中印证预期或见证变化，从而使观众的情感和理智都与比赛紧密相连。

最后，当总决赛终场的哨音响起，马刺队又一次击败热火队而捧起奖杯的时候，你还会在意那个长江后浪推前浪的逻辑链是如何破灭的吗？又或者是，你忘了说姜还是老的辣？

为了更形象地表述，我把解说员与专家配合时需要注意的问题，借用中医诊疗的术语，简单总结成『望、闻、问、切』。

双人解说的分工合作

宋世雄老师在他的回忆录中曾经提到，双人解说的形式最早出现在20世纪80年代初广东电视台的足球转播中。当时，王泰兴老师与邀请来的解说顾问共同完成解说。此后，中央电视台也开始把顾问和嘉宾请进直播间。80年代，中央电视台转播意大利甲级足球联赛时使用“三驾马车”进行解说的做法被人们广泛认可后，两人或两人以上的解说配置在国内体育赛事转播中越来越常见。发展到现在，双人解说已经成为解说中的常规方式。为观众所熟悉的足球专家张路自从1988年欧冠决赛首次作为解说顾问发出专家的声音，到现在已经接近30年。现在的赛事转播，已经不再局限于一名职业解说员加一位体育专家的解说模式。解说员经常身兼栏目主持和解说两职，有时还会出现两位以上的专家或体育爱好者群体与解说员共同参与比赛解说的情形。

一场常规的赛事转播中，双人解说仍然是标准配置。这里，我们就来重点探讨这种解说模式中的分工与合作。

与一名解说员的独角戏相比，双人解说的优势首先体现在观点表达的互补性和内容表述的充分性、延展性上。两个人观点的相互补充使观众对比赛的理解更为全面和准确，两个人对同一问题的探讨、交流，更容易启发观众的思考。同时，两个人有不同的声音特点和表述方式，观众不易产生听觉疲劳和审美疲劳，能对比赛保持长时间的关注。这是很多转播使用双人解说模式的重要原因。

双人解说就好像花样滑冰的双人舞，既考验整齐划一的协调配合，又展示各自独特的艺术魅力。相比单人解说，双人解说讲求分工与合作。无论是解说员与解说嘉宾的配合，还是两位专职解说员的组合，都会有主辅的定位。按照安全播出规范，必须有一个人在节目开始或结束等环节负责转播定式语播报、节目时间把控等与节目流程有关的工作。承担这个工作的解说员是这对搭档里的主要角色。

有了主辅的定位后，接下来就要考虑分工了。分工常以组合双方的身份为主要依据。一般来说，如果是解说员和专家的双搭模式，专家应以提供与比赛内容相关的专业观点为主要任务。针对解说员抛出的话题，专家应该从专业角度进行分析，探讨其原因和影响；针对比赛中出现的场景，专家应从专业角度及时点评，并对解说员没有提到的问题做必要的补充。解说员应在配合中尽量发掘专家的专业特点，适当把话题向专业性方面拓展，在答疑解惑的过程中提升球迷对其转播专业性的信任。当然，对话题的主导、对专业化深浅度的探讨始终应由解说员把握。描述性解说主要应该由解说员来完成。

解说员在与专家配合解说时，不能随声附和，而应礼貌回应，理性分析。解说员在与专家交流时，还应时刻关注比赛进程，当比赛出现精彩激烈的画面时，及时把话题引导到比赛场面上来。把精彩画面的解说完成后，解说员可再给专家发言的机会或对之前交流的话题予以提炼总结。

为了更形象地表述，我把解说员与专家配合时需要注意的问题，借用中医诊疗的术语，简单总结成“望、闻、问、切”。

“望”，是指解说员的身体主动转向专家，向专家请教与比赛内容相关的问题时的身体语言状态。解说员要积极激发专家的表达欲望，主动把适合专家解读的话题及时地交给他。这不仅能提高节目的专业性和权威性，还能增强专家对解说员的信任，使专家解说得更加投入、自如。

“闻”，是指解说员认真倾听专家的回答或解读，边听边思考并有所回应。解说员的认真倾听是对专家的尊重。通过倾听专家的讲解，解说员可以加深自己对比赛的理解，更默契地与专家配合，进而更好地服务观众。

“问”，是指解说员在与专家交流的过程中发现问题，从与听众的互动中搜集问题，在解说中总结问题。通过与专家的一问一答，将专家的见解及时传递给观众。需要注意的是，问题的选择应该符合专家的专业背景，发问的语言应该简洁、明了，使观众和专家都能清楚问题的指向。有时为了避免复杂局面，解说员可以在提出问题的同时，附带可能的答案向专家求证，常用句式如“是不是、会不会、有没有可能”等。

“切”，是指为了掌控转播流程、把握话语与画面的配合，解说员应及时引导专家的解读进程。有时专家还在回答上一个问题，而比赛出现了新的焦点，解说员就要主动引导专家把话题转移到画面的新焦点上；有时专家没有意识到时间不足或是回答问题过于繁复，解说员应该及时以恰当方式接管话语权，进行总结或转换。

当然，有些知名的专家、顾问已经从事解说工作多年，他们的解说素养高、媒体意识强，带动了新一代解说员的成长，在这里应向他们致敬。

如果是两位专职解说员搭档，配合的默契度会更高，分工也会更灵活。此时，可以由一人着重介绍背景，提供数据，另一人着眼场面描述和分析；一人充分、深入地对技战术进行分析，另一人着重于气氛渲染、与观众交流等感性内容，使比赛看起来更加丰满。这种分工看上去是一方为主另一方为辅，实际上两人在解说过程中都有很大的自由度。两位解说员互相呼应、互为补充，不抢戏、不对立，在自然交流中适度探讨。

下半场第73分钟，贝拉米断球后，分给由中场突然前插的里瑟，后者在禁区中央大力施射，使比分反超。激动之余，两个『冤家』拥抱在一起，让故事里的干戈彻底消弭，观众因此感受到了足球比赛的动人魅力。

如何讲故事

讲故事是解说技巧之一，相比简单的背景资料介绍，它是一个更加主动地引导观众欣赏、理解比赛的手段。

何时讲故事？这个时机需要巧妙捕捉。绝大多数情况下,解说员的创作都应该紧密结合比赛的进程，或描述或评论，与观众的注意力始终保持一致，否则会对观众观看比赛形成干扰，招致反感。

开场时的比赛，常有短兵相接、快速转换的情况，有些队伍会特地设置开场战术突袭对手。我们常看到有以秒计算的进球纪录、得分纪录或击倒对手纪录，这些都是出其不意、以快制胜的典型。因此，在比赛受关注度较高时，比如比赛刚开始和比赛出现连续的紧张、火爆场面的时候，解说员不应急于说资料、分析背景，而应只辅以必要的描述即可，这时并非说故事的时机。

有的解说员在比赛一开始按照个人预先的准备，以连珠炮般的贯口介绍比赛出场名单和对应站位。这看似服务了观众，又和赛场的热烈气氛相吻合，实际上常常造成对画面的干扰。只有当比赛的节奏转为相对平缓时，才是解说员结合比赛情景适度增加资料叙述和评论的时机，也就是讲故事的恰当时机。解说员所选择的故事应短小精悍，紧跟比赛进程的变化。

讲故事，从选材上来看，一般可分为两种类型：一种是与选手或比赛相关的真实过去；一种是虚构的趣事，后者带有迎合当下的寓意。

2014年巴西世界杯哥伦比亚足球队挺进八强，解说员在对哥伦比亚队表达敬意的同时，还讲述了哥伦比亚队球员安德列斯·埃斯科巴被枪杀这一事件给足球世界带来的创伤，引发了人们对足球运动甚至体育运动的思考。这种故事是与选手、比赛相关的真实过去。

意大利人很喜欢他们的足球明星弗朗西斯科·托蒂率真的性格，表达喜爱的方式则是传播各种“托蒂笑话”，内容往往以对话模式展开。在一次转播中，解说员选取了一段“笑话”：

> 托蒂打电话到披萨店叫外卖。
>
> 店员问：“披萨饼是要切成四块还是六块？”
>
> 托蒂说：“四块好了，六块我吃不完”。

这就是用虚构的故事来调侃球员。

解说员使用讲故事的手法，有三个方面的作用。第一，帮助观众更好地理解比赛。有时候为了说明一个问题，解说员需要寻找合适的比赛片段来举例解释。比赛场景稍纵即逝的特点使解说员的描述变得困难，一个具体而鲜活的小故事，能让观众迅速领会其要说明的问题。

比如，在姚明时代的上海男篮，李秋平指导总是尽量把姚明和刘炜同时留在场上。到了国家队，两人也存在这种出场关系。我们可以在场上找到很多例子来说明双方配合的默契，但是两个人同居一室共打魔兽游戏的真实故事更能让观众明白两人默契的来源。

第二，增加比赛的看点。2007年2月22日，利物浦队与巴萨队的欧冠八分之一决赛首回合正式打响。比赛精彩纷呈，利物浦队在先失一球的情况下，靠着贝拉米和里瑟的两个进球在客场击败对手。上半场第44分钟，贝拉米进球后在角旗附近以高尔夫球运动中的挥杆动作来庆祝，很多观众并不明白这个动作背后的含义。

▲ 贝拉米以高尔夫球运动中的挥杆动作来庆祝进球

于是，解说员金相凯在这个间隙讲述了贝拉米和队友里瑟的故事。原来，在几天前的赛前集训时，发生了贝拉米酒后失控，在里瑟的房间用高尔夫球杆击打并威胁里瑟的丑闻，利物浦队主教练拉斐尔·贝尼特斯对双方给予罚款的处罚。“个性小子”贝拉米用这个动作来调侃这个事件，表明自己的比赛水准并未因此受到影响，现场球迷也对他报以善意的掌声。

解说员讲述了这个故事后，接下来的比赛中，观众关注的焦点难免会转到里瑟和贝拉米身上。下半场第73分钟，贝拉米断球后，分给由中场突然前插的里瑟，后者在禁区中央大力施射，使比分反超。激动之余，两个“冤家”拥抱在一起，让故事里的干戈彻底消弭，观众因此感受到了足球比赛的动人魅力。

第三，增加观众的观赛乐趣。解说员的作用不只是让观众从专业层面理解比赛，还要让观众有更加愉悦的观赛感受。一些逸闻趣事对观众的观赛情绪有很好的调节效果，能使观众在观赛中感受到愉悦。2014年巴西世界杯四分之一决赛中，荷兰队靠点球艰难晋级。这场比赛荷兰队虽占据了优势，却无法得分，几次射门都被球门柱和横梁挡出。最后的点球大战中，以替补门将身份上场的克鲁尔扑出了对方两记点球，一时被传为佳话。赛后张斌讲述了某位球迷提供的故事：

> 荷兰队晚上做梦，罗本梦见到处都是对方的腿，斯内德梦见到处都是门柱和横梁，范加尔则梦见了自己的守门员克鲁尔。

以一个虚拟的故事形象地重温比赛的艰难和取胜的关键，这会让刚看过比赛的观众再一次发出感叹，并会心地微笑。

数据与解说的逻辑关联有时是很明确的，比如在足球比赛中，中场核心队员皮尔洛向不同方向出球的次数，意味着尤文图斯队进攻的主要方向和策略。

解说中的归纳和统计

体育解说是一个动态的创作过程。解说员的创作成功与否，很重要的标准是看解说员是否融入比赛，是否伴随比赛的发展与变化，把需要展示的细节或值得关注的变化及时呈现给观众。对电视观众而言，直观的画面带来的是感性体会。这是容易形成短期记忆的部分，也是解说员无须多言、不必干扰观众的部分，只要有得体的描述或者共通的情感宣泄就够了。

除此之外，比赛场上往往还有一些细节是观众无法注意到的。这些细节技术性或专业性较高，对看懂和理解比赛起着关键作用，需要解说员及时进行归纳与统计，并适时地给观众提示，帮助观众梳理比赛。

所以，一场比赛既需要解说员感性的融入，也需要其理性的分析。在这其中，归纳和统计必不可少。这就要求解说员在解说过程中，既做好观众的情感陪伴，又做好专业助手。

曾经有幸合作过的宋世雄、韩乔生和蔡猛等著名解说员在这方面亲力亲为，给我留下深刻印象。比如，他们在转播前会准备专门的资料夹，有事先画好线格的记录页，针对比赛特点设计了需要注明或记录的空格。他们一边解说，一边记录，一边归纳计算，适时地将分析结果报告给观众。他们随时记录换人、暂停、得分、犯规等信息，对战术调整、位置变化等随笔画图，甚至用自己的电子手表对场上比赛计时。

但是，随着转播技术的进步，解说员手掐笔算的做法似乎已经没有必要了。1994年美国世界杯后，比赛的电视画面中逐渐普遍引入电子计时器显示的时间。在中超和CBA的比赛中，官方会将比较细致的现场技术统计及时提供给电视转播车，解说员和观众可以在屏幕上及时看到各项数据。

▲ 美国世界杯电视转播画面出现了电子计时

当今国外先进的赛事电视转播，比如NBC（美国全国广播公司）、ESPN（娱乐与体育节目电视网）制作的比赛技战术数据已经非常详尽，这些数据来自专业的实时数据制作团队。由他们制作出来的比赛数据具有及时、精准、直观、解读性强、多元细分的特点，促进了电视转播业甚至是体育运动的发展。

这些年来，国内的体育转播机构和赛事机构一直在努力提升技术实力，加强专业团队的配备。比如经过几年实践积累，2011年，中国篮球协会（以下简称篮协）的篮球比赛现场技术统计系统再次升级，出现了“CBA Now”版本，并被推广应用于篮协的各项比赛中。此后这个系统还在不断改进。即便如此，在CBA中还是会出现数据统计失误、字幕系统错误的情况，甚至出现现场计时器因人为操作错误而导致比赛被干扰的情形。2014年10月的CBA季前赛，四川队与浙江队的比赛在第二节结束时，出现了根本没有投篮却被统计出有三分进账的外援慈世平专门跑到技术台进行澄清的球场花絮。当下，有些转播机构因条件限制，无法给解说席提供技术统计支持的现象仍很常见。因此，解说员做好必要的记录，可以帮助自己对场上情况迅速作出判断。

2014年巴西世界杯八分之一决赛，法国队对尼日利亚队的比赛中，当法国队再一次射门而足球击中横梁弹出时，解说员刘建宏在感叹的同时指出，这是法国队当场比赛的第12次射门、第5次打中球门范围、第2次被门框拒绝，用直观的数据统计迅速说明了法国在进攻上得势不得分的困境。如果等待官方统计到位后再说出这样的评论，就为时已晚了。

在比赛中对数据的及时掌握和分析，是解说员判断比赛的重要依据。一般来说，解说员临场解说的数据来自自己的记录、组委会媒体中心为转播席提供的资料、直播字幕系统和互联网专业网站提供的实时数据四个部分。其中，互联网专业网站主要指拥有版权的大型体育媒体官方网站，比如天空体育提供的英超等足球比赛信息就非常准确、精细和及时，是足球比赛解说的重要参考；NBA官网在直播比赛时也会提供详细的数据统计，包括一些有价值的历史数据。此外，一些博彩网站提供的数据也很专业，偶尔还会提供较为有趣的数据分类以供参考。比如有博彩公司为乌拉圭球员苏亚雷斯开出在巴西世界杯上是否会第三次咬人的赌注，真有球迷花了3英镑购买，其中165人猜对结果，每人拿到500多英镑的回报。

除了冷门项目和低级别比赛的相关信息获取渠道较少外，被公众关注的比赛在直播过程中的信息和数据还是比较充分的。对于解说员来说，这些信息和数据有时多到必须过滤、分析和归纳，否则无从下手。这就需要解说员依据自己的观察和思考，做好记录。数据与解说的逻辑关联有时是很明确的，比如在足球比赛中，中场核心队员皮尔洛向不同方向出球的次数，意味着尤文图斯队进攻的主要方向和策略。有时则是复杂的，比如排球比赛一方的后排进攻得分与另一方拦网成功次数之间的对比，体现出攻守双方战术策略的选择和变化等。只有以这种逻辑关联为标准去观察与思考数据，数据才是活的，才更能说明问题。

在电视转播中，数据的实时归纳统计主要体现在字幕上，有时候只是择其要，有时候可能大而全。解说员的现场记录不但起到必要的补充和突出重点的作用，而且更关键的是能帮助解说员建立自己的解说逻辑。以此作为依据得到的判断或观点，是解说员与专业性较强的观众沟通的重要内容，是对比赛的专业解读。

奥运会、世界杯的转播是现代尖端电视技术的展示舞台，新技术的发展和应用不断促进电视转播水平的提高。但无论如何，还没有任何一项技术能够完全代替人与人之间的沟通。无论数据多么丰富，都需要解说员的提炼和解读。解说员的解说依然是一次完美转播里最核心、最生动的元素。

比如，为了说明A，要先由B开始，再说到C，说到C发现回不到A，还要去说说D或者E。说者紧张，听者着急，时光飞逝，说者『昏倒』。

突然忘词了怎么办

解说员遭遇到的一种尴尬，就是说着说着，突然说不下去了。要么忘了到底要说什么，要么忘了要说的是谁，这时候如果没有搭档来接力，还真不好办。

忘了要说什么，是因为表达内容在节点之间的逻辑关系不强，或者表达过程中时间间隔过长，无法形成必然联系。前者是解说员对某个话题或观点的考虑不够细致造成的，后者则是解说员对该如何表达观点没有充分准备造成的。

忘了要说什么的另一个原因，或许是要表达的观点有过于复杂的逻辑推理。比如，为了说明A，要先由B开始，再说到C，说到C发现回不到A，还要去说说D或者E。说者紧张，听者着急，时光飞逝，说者昏倒。正应了那句话：永远不要因为走得太远而忘记了为什么出发。所以，聪明的解说员会回避那些太过复杂的问题，简单地点评一句，把思考空间留给观众。

忘了要说什么有时候则与逻辑无关，就像人们平时会突然想不起某人的名字、某个事件发生的时间。有时因为比赛场面突变，解说员要先放下正在解说的内容，专注于比赛本身，待到有时间继续讲解未完的内容时，突然不记得说到了谁、说到了哪里。这种情况在观众看来是可以理解的，但会对解说质量造成影响，解说员应该尽量避免上述状况的发生。

比如，解说员说某个观点前可先在心里梳理一下，关键点用笔记下来。老话讲“好记性不如烂笔头”，说的就是这个道理。解说员在赛前的准备、比赛过程的思考中，把想说的要点随手记录下来，能够有效避免“失忆”的尴尬。

但是，几乎每个解说员都遭遇过忘词的情形。因此，事先考虑好恰当的处理方法，尽可能化解尴尬很有必要。

我的体会是，当解说员遭遇忘词的情形时，应迅速回到事情本身，直截了当表述自己的观点，不再赘述得出这种观点的理由。在还有时间的情况下，解说员应遵循逻辑线索重新整理思路，待有恰当时机，再进行说明，以便进行补救。如因一时忘了姓名、时间等重要因素而影响到表述，解说员应该马上致歉，甚至请记得的观众给提个醒，以便化解尴尬。切记，不要自己想不起来时，突然去问搭档或专家。每个人的思路不同，关注点也不同，如果此时两个人的心思正好不在一处，会使场面更加尴尬。要知道，你的搭档心里明白的话，肯定已经主动接过话头了。

解说员应该在恰当的时机，选取那些真知灼见和有趣的观点与观众分享，使观众有参与感和成就感。这对其他只观看而未参加讨论的观众来说是鼓励其参与的心理暗示。这样能使所有人意识到他们身处同一个群体之中，与他人分享自己的观点同样有价值。

解说中的观众互动

多屏时代，媒体对观众注意力的争夺日益激烈。争夺观众最重要的手段是买断版权，垄断资源。例如，为了在竞争中取得优势，握有世界杯足球赛国内独家版权的中央电视台拒绝出售网络直播权，而是仅仅出售点播回看权。这个策略的目的就是要达到电视广告份额的最大化，对市场进行垄断。腾讯网与中国奥委会签署延续到2020年的互联网合作伙伴协议的同时，还取得了包括冠军访谈等在内的独家资源，这是获取更多资源、拓展传播优势的针对性策略。

垄断只能集中在一部分赛事上，很多比赛由于版权销售模式不同等原因，变得没有必要或无法被垄断。传统媒体和新媒体目前还在分享着各种赛事资源。观众可以同时在几家网站上看到同一场英超比赛的转播，观众可以根据自己的喜好，选择看谁家的画面，听哪家的解说。优秀的解说员可以吸引更多受众，提高节目的收视率。因此，优秀的解说员成了媒体争夺的资源。

在吸引优秀解说员的同时，传统媒体还利用新媒体技术，打破平台间的界限，实现跨平台的多屏互动。因此，解说员在保证高水准解说的同时，还要跟上传播技术发展的要求，借助多种互动手段加强转播的亲和力和服务性，提高受众黏度。

与观众互动并不是新鲜事。从观众信件反馈开始，短信平台、微博、微信等新手段不断介入直播过程，摇一摇、扫一扫等社交方式被开发利用、不断创新，与观众的互动已经不存在技术难度。

在互动内容方面，解说员应以比赛内容为核心，对相关话题加以选择。在互动中，解说员要始终把握主动权，在互动时间和话题导向上进行掌控。互动大体可以分为两类，一类是对观众问题的即时回应。观众会加入媒体提供的交流平台，提出问题或参与讨论。在这个平台上，解说员要选择有一定代表性的和观众共同关心的问题，由自己或专家予以回答，这是最常见的互动。

另一类互动内容是对观众观感的及时展示。在观看比赛过程中，解说员有话语权，可以充分表达自己的观点，观众却只能通过交流平台来发表意见。解说员应该在恰当的时机，选取那些真知灼见和有趣的观点与观众分享，使观众有参与感和成就感。这对其他只观看而未参加讨论的观众来说是鼓励其参与的心理暗示。这样能使所有人意识到他们身处同一个群体之中，与他人分享自己的观点同样有价值。

解说员对互动时机的选择比较关键，总的来说以不影响观众的观赛为基本原则。2014年巴西世界杯期间，某些解说员在比赛转播中展示了部分观众在微博互动中表达的观感，却引发其他观众不满。他们认为被解说员强制占用了看球时间，分散了自己对比赛的注意力。可见，如果互动时机把握不好，互动结果可能适得其反。一般情况下，互动时机以赛前或赛中的间隙最为合适，在转播比赛中进行互动未尝不可，只是这时的互动应更为精练。

对解说员来说，对比赛及时、专业的解读是最重要的工作。另外，解说员对观众观点的评价应该中肯，并给予鼓励。互动奖品的设置可以吸引更多观众关注比赛，取得更好的互动效果。

解说员自然提高的音量，在音频设备上反而会显得偏高甚至过载，音频技术人员需要重新调低收录指标。这样一来，解说员的力气算是白费了。同时，这种偏高的声音控制，还使解说员付出更多的体能。

音量控制的技巧

作为一门语言创作艺术，体育解说和其他语言创作活动有共同的语言表达技巧，解说员需要具备运用停连、重音、语气、节奏的能力。但与其他语言创作活动相比，体育解说有一个很独特的地方，就是语言创作的环境是多样化的。

多数情况下，新闻播报、节目主持、专题配音等都是在演播室或配音间完成的，朗诵和晚会主持等是在半开放的舞台环境里进行的。这些语言创作对声音的控制，尤其是音量的控制相对变化幅度小，比较容易调整和控制。体育解说则不同，由于比赛环境、项目特点、转播条件和直播时间的不同，要求解说员在声音上，尤其是在音量和音调上，必须具备良好的控制能力，以便适应不同的创作环境。

先来说说演播室内的解说。演播室相对封闭，没有外界嘈杂声音的干扰，解说员比较容易掌握用声尺度。一般情况下，解说员要佩戴耳机，以保持和导播室的沟通。解说员通过耳机也会得到字幕、解说资料和插播放像等与制作相关的提示。有些时候，演播室的扩音系统因故无法给解说员回送比赛现场声，解说员还需要通过耳机收听导播室传送的现场声，但这只是特殊情况。解说开始后，导播会根据解说员的音量来调整现场声输送的大小，再与解说员的声音合成并输出。输出的声音在不失真的前提下，还要保证观众既能通过现场声感受到比赛氛围，又能清晰地听到解说员的讲解。

但是，体育比赛内容的跌宕起伏，会导致解说员产生较大的情绪变动。解说员时而平静，时而激昂，时而娓娓道来，时而击节呐喊，造成音量的跨度比较大。这就要求解说员要根据自己的声音特点和音域跨度找到一个相对合适的音调，在需要渲染情绪时做到收放自如，不至于声嘶力竭。要找到合适的声音基调，解说员需要在转播开始前，在音频技术员的协助下，多做几次试音，根据听音进行判断。

再来说说开放环境的解说。比赛现场和为了观看比赛而组织的活动现场，都属于开放的公共环境。

很多比赛的组织者无法提供封闭的解说环境，更不具备专业的演播室，解说员常常要在一种全开放的环境下完成转播。嘈杂的现场声使解说员连身边人的说话声都无法听清楚，如此环境下很难对自己的声音作出判断，只能通过耳机和内部通话系统，依靠音频技术人员的提示来做调整。这时候，解说员必须尽量找到自己正常用声的范围。

在开放环境下，解说员的自然反应是加强气息控制、增加音量，试图清晰、突出地听到自己的声音。尤其是在与解说嘉宾配合的时候，为了达到与对方的顺利沟通的目的，解说员会很自然地提高自己的音量。然而，由于转播使用的是专业的拾音设备，解说员的声音完全可以通过指向性话筒清晰地收录和传送，而现场的声音则由其他专业话筒负责收录和传送。所以，解说员自然提高的音量，在音频设备上反而会显得偏高甚至过载，音频技术人员需要重新调低收录指标。这样一来，解说员的力气算是白费了。同时，这种偏高的声音控制，还使解说员付出更多的体能。尤其在一场动辄两个小时以上的转播中，会使解说员的声音力度难以为继，影响解说创作中情绪的表达。此外，观众也会对解说员的“嚷嚷”产生反感，这种解说会造成费力不讨好的后果。

这是不是说，在开放环境下的现场解说中，解说员对音域的控制一定要找到封闭演播室的感觉呢？也不尽然。现场解说中，解说员有更多直观的感受，对一场精彩解说的完成有着得天独厚的条件。解说员完全可以抓住这样的机会酣畅淋漓地表达，只要在可控的范围内适度提高音量，配合现场的气氛，就会带给观众更多的临场感，观众也会因为解说员的带动而更容易理解和欣赏比赛。这其实是一种更高要求的创作，它需要解说员具备丰富的现场解说经验。

我国观众收看到的体育赛事的转播，很多是来自体育运动相对发达的欧美国家，比如时间跨度较长的英超、西甲等欧洲职业足球联赛和NBA等，还有很多大型国际赛事如奥运会、世锦赛等。由于时差原因，不少赛事正值我们休息的时间，有的甚至要到午夜时分才开始。这些比赛的解说，虽然与其他时段的解说在内容上并无差别，但解说员应该心中有数，在表达激动情绪时应避免过于突兀的喊叫。解说员既要做好解说服务，又要考虑到国内观众的收看环境，以防吵醒睡梦中的人们。

不同比赛项目的解说，对音量控制的要求不同。这与比赛本身所呈现的氛围和文化气质有关。比如，台球比赛要求现场安静，现场观众可以听到球与球清脆的撞击声，甚至连球杆轻轻碰击球台的声音都可以听到。选手的声音、裁判的声音、观众的声音共同组成现场声音环境。在这种项目的转播中，任何不适当的非现场的声音都会给观众收看比赛带来影响。所以，在解说这种比赛项目时，解说员的声音控制显得非常重要。用轻声细语来形容此时解说员的声音一点也不为过，其语调也是平静而舒缓的。越是在关键时刻，观众都屏住呼吸的时候，解说员越要压低音量甚至暂时停止解说。当观众放松情绪，场面处于转换过渡时，解说员方可适时评论。

总而言之，解说员在解说不同的比赛项目时，要根据比赛项目的特点调整自己的音量。解说员的声音在整个转播中需要和谐地融入现场声音环境中，避免给观众刺耳、突兀之感。

在现场连线这样一种双向互动的报道方式里，演播室中解说员具有双重身份：掌控信息平台的信息发布者、观众代言人。

现场连线

现场连线出现在赛事转播中，意味着这是一场较为特殊或重要的比赛。

与常规转播不同，那些决定淘汰与否的比赛、决定冠军归属的比赛，往往广受关注，转播报道的规格也更高，需要演播室里的解说员与身处现场的记者、体育专家，甚至参赛者进行双向多路的直播连线。这些音频、视频的现场连线，成为凸显现场氛围、提供最新信息和进行专业解读的重要手段。

在现场连线这样一种双向互动的报道方式里，演播室中解说员具有双重身份：掌控信息平台的信息发布者、观众代言人。

作为信息发布者，在现场连线时，解说员对比赛涉及的所有关注点都要尽量照顾到，比如球员伤病、转会签约、训练备战、话题人物等人员动态，双方赛前心理战、历史渊源等内容。解说员要对现场连线可能涉及的专业知识准备充分，比如篮球比赛新规则的执法关键点，一些影响比赛的伤病的病因、病发部位、恢复期，不同的比赛环境、比赛器材对专业运动员的技术和心理影响等。此外，解说员应就当场比赛所涉及的问题与前方记者事先沟通，尽量了解相关采访素材，对与记者或专家的交流方式有所设计，让最新信息以合适的方式、恰当的比例生动地呈现出来。

2015年4月，第53届世界乒乓球锦标赛在中国苏州举行。中央电视台解说员在和中国队主教练刘国梁的现场连线中，问答皆妙，给观众留下了深刻印象。正是由于国际乒联修改了乒乓球比赛的规则，刘国梁在职业生涯后期的比赛中成绩大受影响，他作为运动员对“小改大”的规则是很有感触的。但经过几年的执教生涯后，从教练的角度再看这个问题，刘国梁有了不一样的体会。他认为，大球重量增加的0.2克，在每一次挥拍时虽然不会让运动员觉得不适应，但在长期的每天上万次的训练中，这个重量带来了更多的肩部伤痛，因而必须在训练方法上作出调整。

解说员充分利用这次现场连线的采访机会，通过这个老问题的新角度，让观众对乒乓球比赛规则有了更多认识，对这次直播有了更为新鲜、特别的体验。

作为观众代言人，解说员应充分利用网络平台、社交软件等新型通讯手段和方式与观众互动，获得观众的真实想法。即使有些观众关注的内容并非焦点，但如果角度新颖或生动有趣，依然可以作为采访问题。

很多知名解说员会在自己的微博、微信等自媒体中，及时预告转播的时间、采访的对象等，请自己的粉丝和球迷关注，同时还会征集观众关心的问题，在节目中代为表达。解说员有时还会在节目里播报提问的观众的名字，让采访对象直接回答，实现观众与现场的互动。比如解说员詹俊在奔赴英国采访前，事先在微博里向粉丝征集问题，准备向约定采访的球星提问。这种方式也不失为一种自我营销、展现媒体影响力的有效手段。

随着通讯手段与电视技术的不断融合，许多新颖的直播互动形式逐渐出现，现场连线的频率也越来越高。作为解说员，一定要做好现场连线采访的各项准备工作，扮演好信息发布者与观众代言人等多重角色。

解说员的主要任务是带领观众观赏比赛。宝贵的出镜时间是为了传递更多与比赛相关的信息，与观众沟通互动。不协调的服装如果过于抢眼，会转移观众的注意力，干扰信息互动。

服装与化妆

一个人的外在形象势必影响人们对其的信赖程度和好感度。塑造和保持良好的个人形象，是尊重自身职业和他人的表现，也是播音员、主持人的基本修养。一般而言，在严肃节目中，播音员、主持人的穿着应该庄重、简洁；在娱乐节目中，播音员、主持人的穿着可适当休闲、时尚。

解说员的服装要符合节目氛围并展现体育特质。体育节目从内容到形态往往表现出专业化、大众化和娱乐化的特点。解说员可以选择正装或类似正装的便装出镜，以简洁朴素的风格表达对职业和观众的尊重。在一些群体竞赛活动的转播中，节目更多体现的是现场参与度与娱乐性，体育竞技本身是被弱化的，解说员的着装可以更为生活化、个性化。

当需要出镜或者需要与其他嘉宾搭档主持的时候，解说员需要考虑着装的搭配是否协调，与搭档的服装搭配是否协调，要做到既不抢眼又不落俗。

解说员的主要任务是带领观众观赏比赛。宝贵的出镜时间是为了传递更多与比赛相关的信息，与观众沟通互动。不协调的服装如果过于抢眼，会转移观众的注意力，干扰信息互动。如果解说员的穿着过于随意，比如家常风格的圆领衫，能看出褶皱的外套等，既会损害自己的形象，也会影响观众的观赛心情。

有时根据演播室节目设计，解说员的服装可以有更多变化，可以购买一两件鲜艳的运动服以备不时之需。如果是现场解说，解说员的服装在整洁大方的情况下，可以适当生活化，符合现场氛围。

关于服装的色彩。常见的解说员着装是典型的正装色彩，以藏青、深蓝和灰色为主。但为了避免给观众留下刻板的印象，解说员有时会搭配稍微有些色彩的衬衫或有领的T恤。这里需要注意，解说员的服装色彩应与演播室背景相协调。虽然在显示技术上只要不是细纹或小花格都不会有大问题，但解说员对颜色反差过大的衣服一定要慎重选择。

黑色和白色对演播室布光是个挑战。因为即使主持人衣服的曝光准确，演播背景板甚至主持人皮肤的曝光也常常并不准确，这就需要技术人员花费很长时间进行技术调试。大面积为蓝色的服装，在传统虚拟演播室的技术系统里会和虚拟背景融为一体，所以不能选择，反倒是中性色调的服装在演播室的强光下效果更好。

现在流行的演播室往往以明快的灰蓝色搭配橙、红等颜色，就是考虑背景对光的承受度这一因素。在传统的青色、灰色之外，解说员可以考虑用以上几个颜色的中性色调去反搭，这样既能体现解说员的个性，又能使其融入演播环境中。

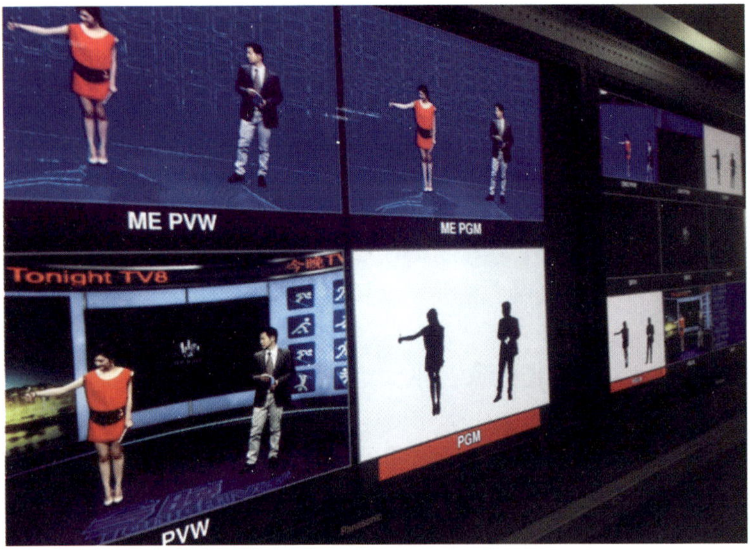

▲ 虚拟演播室中的主持人着装应回避蓝色

另外，出于长时间工作的考虑，解说员应该准备穿着舒适的服装，比如相对宽松的棉质内衣。还要准备舒适的鞋，比如准备一双布鞋在不出镜时替换，减少身体的疲劳感。

由于出镜的需要，解说员必须化妆。当然，这个问题一般会由专业化妆师考虑，基本来说妆容应与演播背景、演播室灯光及服装色彩协调。需要注意的是，解说员经常进行长时间的工作，有时候化妆师无法全程跟进。如果没有补妆条件，解说员自己应该学会一些化妆技巧，比如准备一个和自己面部肤色相似的粉饼，在出汗后或灯光照射过久之后，用粉扑压一压反光区域，以便保持前后形象的统一。

掌握基本的化妆知识和技巧，是对专业的播音员、主持人的一种要求，许多学校为播音与主持艺术专业学生开设了化妆课。但还是有很多男主持人，尤其是体育解说员认为化妆是过于女性化的事，操作也很麻烦，长时间带妆工作很不舒服。所以有的解说员在主持节目时，自己随便用粉扑压一下，或者干脆不化妆。这不符合播音主持工作的专业性，也不符合媒体人员的从业要求。解说员重视化妆等保护形象的工作，不仅是对个人形象负责，同时也是对所代表媒体的专业形象负责，更是对观众的尊重。解说员应该意识到这是所从事的职业的基本要求，不仅要自觉做好，还应该重视起来。

此外，解说员还应保持得体的发型。过于文艺范儿的发型并不适合体育解说员的形象，比如飘逸的长发或夸张的造型。男解说员的发型应当在以短发为主的前提下适当有些变化。一些流行的运动范儿有时效果不错，既不会因为抢眼而干扰观众的注意力，又符合节目背景和解说员的身份。

常见的问题是，解说员没有及时看到电视画面提供的细节，而现场的情况转瞬即逝，在再次回放画面之前，解说员无法对发生的情况进行判断和解释。

监视器

解说员在转播比赛时观看比赛的监视器属于技术管理的范畴，但对解说员来说非常重要，所以有必要对其进行简要的介绍。在现场解说中，比如足球或篮球比赛现场，转播解说席通常会摆放8－10英寸的便携监视器。如果是有预留转播工作室的场地，可能会提供更大的监视器。

下图是福建电视台体育频道的CBA转播解说席的照片。

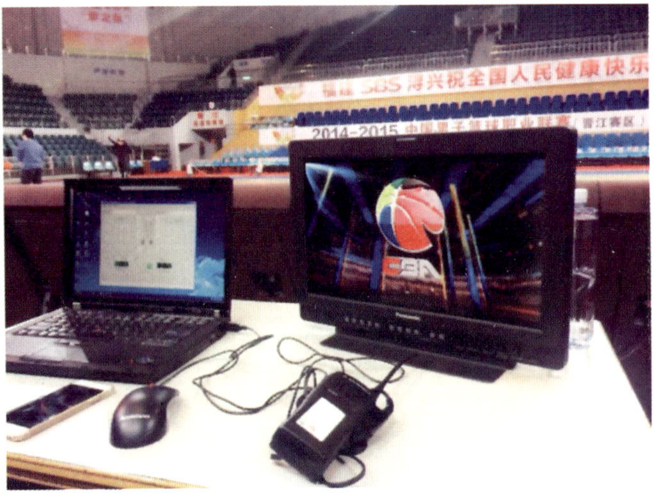

▲ 福建电视台体育频道CBA转播解说席

专业监视器的屏幕是用特殊材质制成的，表面经过处理。这种屏幕的反光率低，可视角度大，便于户外使用。即便如此，它的显示效果还是会受到现场灯光等外部因素的干扰。因此，解说员在依靠监视器的画面进行解说时，还应尽可能地依靠直接的现场观察辅助解说工作。

观众看到的画面与监视器传送给解说员的画面相同。解说员在观看现场的同时，必须随时顾及监视器画面，与转播导演配合，对画面中出现的细节、回放画面和技术数据予以解说，从而达成声画创作的统一。这种从两个信息源同时获取信息并集中表述的能力，需要一个长期的学习、适应过程。常见的问题是，解说员没有及时看到电视画面提供的细节，而现场的情况转瞬即逝，在再次回放画面之前，解说员无法对发生的情况进行判断和解释。这就需要解说员佩戴耳机，始终留意导播提示，兼顾现场和监视器。

下图是新浪体育演播室的照片，给解说员看比赛的监视器是放在地上的。

▲ 新浪体育演播室

与现场转播不同，在演播室解说时，监视器一般放置在更利于解说员观看的位置，平于或低于视线平视面。有条件的演播室可以选择用移动支架固定的监视器。它使技术人员在调试灯光时可以兼顾解说员和嘉宾的视线，使双方视线都不受灯光干扰。解说员有时为了专注于比赛，还可以要求技术人员调低或关闭部分演播室光源，以获得清晰的比赛细节。

素养积累

独立精神和媒体意识一样，是衡量一名解说员优秀与否的重要标准。

独立精神

独立精神和媒体意识一样，是衡量一名解说员优秀与否的重要标准。

一场转播虽然是媒体的不同部门、不同岗位员工的协同工作，但最终落实到输出端口，与观众见面的就是解说声、现场声与现场画面结合的声画信号。解说员作为媒体代言人，却天然带有强烈的自我意识。

与播音员、主持人不同，由于体育解说动态报道过程的需要，解说员独立创作的空间更大，有充分的时间表达观点，进而能够打造节目形象、展现个人思想。解说员是否有良好的表现，关系到转播的成功与否。这其中一个重要的评价标准，就是解说员是否为观众提供了精彩的语言和恰当的观点，是否让观众感到精神愉悦。

在体育传播成熟的当下，观众对节目的要求变得越来越高。解说工作依靠翻译资料和专家问答的时代已经过去，互联网时代极大地推动了信息传播，体育资讯的传播速度越来越快，内容越来越丰富。当微博、微信等社交软件占据日常主要交流渠道后，与体育比赛相关的各种观点也纷纷找到发表与交流的平台。这个时代不缺乏观点，解说员要想脱颖而出，必须在专业性或思想上有独到之处。这个独到之处与解说员强烈的独立精神紧密相关。

这里的独立精神就是指解说员对比赛背景或内容进行独立思考，进而形成个人成熟观点并精当表达的一种追求。

面对一场比赛或一个体育事件，解说员会从多个渠道得到各种相关的信息，对事件的不同观点也夹杂其中。解说员了解不同的观点和结论，可以查漏补缺，有助于对比赛作出更准确的解读。但更重要的是，解说员应该养成独立思考的习惯，从独立思考中产生自己的观点。如果能长期坚持独立思考，解说员至少会在两个方面收获成果：一是分析比赛因果、抓取事情本质的能力会越来越强，对动态过程的把握愈加准确；二是常常因为看问题、说明问题的角度独特、新颖而使解说员的观点更吸引人、更有预见性。

对解说员来说，依照自身对体育运动的理解、对参赛者的情况了解去选取观察与思考的角度，有序梳理各种信息、线索，建立内在逻辑关系，进行分析和判断，继而得出合乎情理的完整结论，这个过程即为独立思考的过程。

独立思考体现在解说上，就是个性化语言的创作。对于同一个比赛事件，由于每个人在理解深度、关注广度等方面存在差异，其最终的推论结果是有很大差异的。大如方向差异，比如胜与负、好与坏；小如程度差异，比如一个失误对结局影响的大小，个人对团队带来多少改变等。由此，解说员在表达上会选择不同色彩的词语加以暗示，会运用不同强度的语气表达情绪，这正说明体育解说与播音创作基础的紧密关系。体育解说原本就是个性化的语言创作活动，所谓个性化就是要求解说员在自身语言和性格特点的基础上，形成独特的表达。这种独特的表达既包括外在的声音形态，又包括内在的思想和观点。

具备独立精神的解说员或是善于敏锐把握细节，或是精于某方面知识,或是习惯于逆向思维。在解说中不时有一语中的或语出惊人的片段，能给出有新意、有分量的论点，让听者内心为之一振、幡然顿悟或击节叹赏。

曾经担任中国女足新闻官的孟洪涛，有多年解说经历。他给人的印象就是语言精练而犀利，充满自信，具备独特的发言风格。2014年9月的U16亚洲足球锦标赛上，中国队负于日本队，他总结道：

> 我们的足球人还没能给自己一个准确的定位，输了球就谈到人才匮乏，似乎我们其他方面做得很好。其实还是心里不服气，总觉得自己行。

提倡独立精神，鼓励独立思考，并非为不同而不同。看同样的比赛，并不是一定要看到不同的问题、得出不同的结论，这是走向极端的表现。解说员所表达的观点，只要经过了自己认真的思考，有理有据，所表达的情感有合理的出处，成于内而发于外，就是独立的创作。

解说员应该树立正确的自我认知，始终保持媒体意识和自我约束意识，用好话语权。

话语权

在比赛转播中，解说员无疑拥有最大的话语权。对比赛进程的描述，对竞技表现的评价，对关注点的选择，对赛场现象的喜恶，往往都是由解说员来主导的。

和所有权力的使用一样，没有约束就容易走进权力误区。事实证明，话语权是一个让解说员很容易误入歧途的权力。解说员常常因为自圆其说而志得意满、自以为是，不听或听不进别人的观点；在正确与否、精当与否方面缺乏自我约束；在话题选择和讨论的发展方向上容易出现偏离，会误导观众或是给自己留下遗憾。

因此，解说员应该树立正确的自我认知，始终保持媒体意识和自我约束意识，用好话语权。

解说员是媒体人，应该把社会主义核心价值观、媒体立场放在个人好恶之前。解说员在表达观点的同时，应该明白自己行使的权力是由媒体和大众赋予的，掺杂过多个人感情色彩的表达是对话语权的滥用。在表达观点时应该以社会主义核心价值观为前提，以符合媒体立场为前提。

作为媒体人，解说员必须明白自己对体育的理解与体育专家相比有一定的差距，因此，在体育的专业问题上不应该武断。

解说员的自我约束首先体现在涉及体育专业的问题上能够把握评价的尺度。比如，解说员对教练或运动员在比赛场上的战术选择、人员安排等方面有不同看法时，可以表达质疑，请观众思考，而不应横加指责。观点的对与错有时候是次要的，解说员的这种高高在上、指手画脚的姿态会招致观众反感，对于被评价的一方来说是话语权上的霸权行为。

事实多次证明，解说员对体育运动的偏激评价，常常源于自己对体育专业知识理解的欠缺。在解说时，解说员应该有意识地培养自己多角度看问题的能力，避免观点过于偏激。比如，跳高运动员选择的起跳高度，与他的身体状态、相应的热身安排、场地硬度、出场次序都有关系，单纯以选手的报名成绩来评价他的临场战术安排得失，有失公允，欠缺专业性。

解说员的自我约束还体现在解说中对嘉宾话语权的兼顾上。解说员应主动为嘉宾留白，主动发起互动，既让观众听到专业的或不同的声音，又要顾及嘉宾的个人价值体现。

当然，解说员的自我约束并不意味着每次表达观点和进行评价时都要瞻前顾后，更不能因为担心会得罪人而对确实存在的问题和缺点视而不见、不予置评。敢于表达个性化的观点恰恰是优秀解说员的特点之一。那么，解说员应该如何把握好自我约束的度呢？

解说员韩乔生的做法值得我们借鉴。在2011年上海游泳世界锦标赛期间，发生了这样一个故事。7月26日晚，女子100米仰泳冠军赵菁在夺冠后的新闻发布会上，“控诉”了中央电视台解说员韩乔生：

> 我相信在我没拿冠军之前，大家都以为我的心理素质和技术很差，韩乔生老师就说过我的心理素质特别差。我想以这块金牌来反驳他，我的技术不差，心理素质也不差。

事后，韩乔生谈到赵菁在赛后特意提及的心理素质问题，他坦然表示：

> 说赵菁心理素质差，不只是我的见解。我和游泳队的教练很熟，关于赵菁心理素质这个话题，几年前游泳队总教练张亚东就跟我提起过。其实赵菁的技术很好，但发挥确实不够稳定。2008年北京奥运会时她的成绩被取消了，很可惜，也说明她在心理上的不淡定。

可见，韩乔生对赵菁心理素质差的评价，是在对她充分了解的情况下，以事实为依据所做的判断，并非无缘无故的评价。被赵菁在新闻发布会上“控诉”，韩乔生是否会因此在以后的解说中尽量回避对体育运动员作出评价呢？对此，韩乔生回答：

> 我的角色就是解说员，我的职责就是通过自己的解说评论多带给大家一些信息。如果我不去说这些，别人就更不会说了。其实平面媒体也写过类似的话题，但受众范围可能没

有电视转播这么广，所以没引起这么高的关注度。而且，如果我的评语能够对赵菁提高水平产生刺激作用的话，那我愿意继续刺激她。

三年后的2014年3月，赵菁在大连举办婚礼，婚礼的主持人就是新娘子曾在公开场合抱怨过的解说员韩乔生。不难猜到，这两位当事人之间发生的“恩怨”，已随着时间的流逝，被坦诚、善意、理解和祝福所代替。

▲ 赵菁站在领奖台上

▲ 韩乔生在解说比赛

越是专业出身的解说员，评论措辞越是严谨。他们在表达观点时，常常使用『应该是』『很有可能』『只是我个人想法』等来修饰、限定自己的观点。

分 寸

单独说说分寸的事，因为它太重要了。

所有环节里提到适时、适度、尽量，其实都是分寸的问题。把握分寸是体育解说员主动控制能力的表现，分寸是否合适，与观众接受程度直接相关。分寸不到，不能切中要害；分寸过了，又会引发歧义。因此，当解说员具备必要的专业基础后，解说创作的关键就在于如何把握分寸。

解说员要在三个方面把握好分寸：情感抒发、观点表达和表现自我。

首先，解说作为一种即时的语言创作，融合了媒体诉求和解说员的个人情感，并非只停留在背景资料介绍和现场情况描述这种简单的层次上。一个作品必须具备真情实感才能有打动人心的力量，体育解说也不例外。

解说员的情感来自于对体育精神的尊崇、对人性真善美的理解，这也是所有热爱体育的观众共同的特点。当看到比赛中选手顽强拼搏、坚韧不拔，感受到赛场上运动员胜利的喜悦或失败的悲伤时，解说员和观众往往都会受到触动和感染。这种时刻，情感抒发是必要的。解说员的兴奋欢呼和悲伤克制，同样牵动着观众的心，是解说员实现与观众心灵互动、情感交融的重要方式。

但是，越是引发心灵碰撞的情感表达，越要发自内心，不能模仿，不能刻意造作。解说员的情感抒发必须有恰当的界限，应自然而不突兀，不能让观众觉得过分。要知道，解说是体育转播的组成元素，解说员是媒体团队的一分子，“不是一个人在战斗”。解说员必须考虑到，自己的立场和情绪会在很大程度上影响观众对媒体的看法。解说员的情感抒发与媒体形象密切相关，应该符合媒体的定位。另外，由于观众本身具有差异性，他们的情感基础不同、文化背景不一，未必都有强烈的共鸣。解说员只有把情感表达保持在一个恰当的度上才可以让更多人接受。这就是情感抒发时解说员应该注意把握的分寸。

其次，解说员在表达观点时，也要把握好分寸。在一场比赛里，解说员在介绍背景、描述场面、提供信息的同时，还会根据比赛的进展对运动员的技术表现、球队的战术安排、裁判的判罚标准等作出即时评论。评论能力最能体现解说员对其解说项目的理解程度。

一些解说员原本就是某些项目的专业运动员或教练，对这些项目非常熟悉，解说的观点也令人信服。而且，越是专业出身的解说员，评论措辞越是严谨。他们在表达观点时，常常使用“应该是”“很有可能”“只是我个人想法”等来修饰、限定自己的观点。这是一种谦虚吗？不完全是。作为专业人士，他们深知竞技体育的奥妙除了规律之外，有很多不可预测的因素可以影响结果，这种不可预测性正是体育比赛魅力所在。有些比赛甚至会在比赛结果出来很长时间以后，人们才知道比赛的真实情况，而当时的断言则成为日后的笑谈。

比如，1998年法国世界杯法国队对阵巴西队的决赛，球星罗纳尔多直到开赛前的最后时刻才出现在修改后的巴西队出场名单里，而场上形同梦游的他引发了人们对赛前巴西队更衣室情况的各种猜测。直到时隔9年后的2007年，罗纳尔多才在接受媒体采访时给出部分答案。因此，解说员面对疑问时给出的观点，在客观判断的基础上不能斩钉截铁地认为就是如此，而应稍有余地，略带商榷，这种方式并不影响解说员的观点表达。此外，观众中也不乏专业人士，对比赛形势、结果都会有自己的看法。如果解说员的措辞留有余地，相对来说能更容易得到观众的认可。而且，表达观点时把握好分寸是中国传统文化修养的一部分，国人的传统性格大都内敛而谦逊。留有余地而非锋芒毕露，更能从容进退。

当解说员遇到自己喜欢的球队或比赛，或者心情好、状态好、情况熟时，难免会洋洋洒洒、酣畅淋漓地进行创作，有时候说着说着就会“说嗨了”。这固然是工作中的一大快事，但一些遗憾也会由此而来，从而也就有了解说员是否要表现自我的话题。对此，解说员应该牢牢记住自己的定位。解说员在话筒前的创作不是为了表现自我，而是履行媒体赋予的服务观众的职责。所有解说内容都应该以观众需要和媒体定位为前提。有了这个前提，解说才不会信马由缰，解说才有价值。无论你多大“牌”，都要有这个分寸。

张卫平老师在解说中『护短』，是一种明显的倾向性解说。但是，这是出于对姚明发自内心的喜爱，也是出于对全国球迷喜爱与支持姚明的充分理解，是考虑了观众感受的『合理』选择。

适度倾向和相对客观

倾向性是非常受关注的话题，因为解说员的倾向性而引发的争论几乎每隔一段时间就会出现。这种情况如同一种体育文化，观众借助这样的机会表达自己的立场，间接地给解说员“排队打分”。

1961年第26届世界乒乓球锦标赛，是新中国成立以来第一次举办世界体育大赛，也是我国第一次转播大型世界性体育赛事。对此，时任中央广播事业局局长的梅益提出，解说员要“客观、公正和适度倾向性相结合”。客观、公正主要是指对参加比赛的外国选手一视同仁，适度倾向性是指对当时一度出现的对中国运动员的过度褒扬要加以克制。这届世乒赛的转播非常成功，成为中国体育传播史上一个重要的里程碑。梅益提出的这样一个倾向性尺度也成为主流体育媒体的一个参考标准。

天津电视台体育频道前总监刘向凯讲述过一件往事。某次女排国际邀请赛在天津举办，天津电视台体育频道负责电视转播信号制作。当时除了天津电视台和中央电视台之外，还有很多国家的电视台也购买了转播版权。天津电视台体育频道对这次赛事的转播如期顺利进行，包括声画质量、排球转播专业度等得到业界好评。但在赛后的一次总结会上，有领导质疑转播质量，认为比赛中给中国队员的画面太少，尤其在中国队与日本队的那场比赛中，给日本队的画面多于中国队。实际上，天津电视台体育频道制作的是国际公用信号，按照基本惯例和制作标准的要求，对比赛双方的画面使用几乎是相等的。部分中国球迷包括那位领导之所以觉得不够，就是因为他们更关注中国队的情况，在心理预期中总希望多看到中国队的画面，从而感到给中国队的画面过少。

与之相对应的是2003年在日本大阪举行的女排世界杯的转播。中国队在对日本队的比赛中，一气呵成战胜对手，以一个完美的十连胜摘得桂冠，继1985年之后再次获得世界冠军。令人意想不到的是，在中国队拿下最后一分赢得冠军后，电视里一直都是日本队员的各种特写画面，有的伤心落泪，有的在拥抱和互相安慰。而对于取胜的中国队的庆祝场面，人们只能通过很有限的全景画面远远看到。这让所有期盼在电视机前分享胜利喜悦的中国观众感到十分焦急。中央电视台也不忍心结束转播，始终播出前方传来的公共信号画面，希望能看到更多中国队的情况，但最终也没有等到。担任那场比赛解说的韩乔生也忍不住说了这样一句话，算是对负责转播制作的日本同行的评价："日本人显得不够大气，到2008年，我们中央电视台会把比赛当中最好的画面呈现给全世界人民！"

可见，在一场赛事转播中，媒体应该持有客观、公正的立场。这个问题不容小觑，如果有失偏颇，必然引发观众的不满。同样，解说员也应该秉持客观、公正的原则。但解说员一般只能做到相对客观，做不到绝对的客观。绝对的客观常常通过统计数据来体现，侧重于对具体技战术的客观陈述以及实事求是的数据分析。而解说不同，解说员和观众一样充满情感，共同的情感使解说员和观众建立起心灵联系。也只有如此，解说员才会更容易理解观众的心理，从而在对客观情况进行描述时，选择观众更易于理解和接受的表达，这就是“相对客观”。

怎样把握“相对客观”的度呢？反过来思考，便是如何保持适度倾向的问题。关于这个问题，体育评论员金宝成认为应该遵循“内容决定形式，形式为内容服务”的原则。比如，当向本地观众转播本地球队和外地球队的比赛时，解说员一样回避不了“立场”的问题。解说员在解说时，完全可以适度倾向本地球队——本地运动员有不足时，指出问题，但要使评论有包容性，让观众看到希望，看到长处；有长处则及时表扬，表达对球队继续稳定发挥的期望；如果出现裁判对本地队伍的不利判罚，可以表达惋惜、遗憾——这些都属于适度倾向的正常范畴。超出这个范畴，就会与专业、客观、公正的原则相悖。

比如，2015年4月7日，广州恒大足球队客场挑战日本鹿岛鹿角队，这是中央电视台转播的亚冠小组赛H组的一场比赛。在比赛的第19分钟，本来掌控局面的恒大队被对手快速反击，恒大后卫金英权在禁区内用手臂挡住了对方的传中球，被裁判判罚点球。在转播画面中，金英权张开手臂挡住足球的过程清晰可见。但也许是因为面向国内观众，考虑到国内观众的心理感受，解说员选择了对这个点球判罚提出质疑，以金英权没有明显手臂上扬为理由，认为不该判罚点球。在稍后评价裁判对另一次恒大球员犯规出示黄牌时，解说员再次以判罚尺度偏严来自证此前对裁判点球判罚不当的观点。

▲ 金英权张开的手臂挡下了对方的传球

我们来回看一下解说员得出该结论的过程：

> 金英权并没有很明显的抬臂的动作，但是这个球确实打在了手臂上，这是一个有争议的判罚。鹿岛鹿角三场比赛一分未得，亚足联也看不过去了……感觉点球还是有点牵强，一个是传球不是很有威胁，不是能直接得分的那种；再者，这并不是明显的手臂上扬。这个点球也警告恒大球员，今天的环境更加复杂，要加倍小心，不要给人家机会。

从专业性来分析这个解说片段，对是否属于手球，解说员其实可以依据自己对裁判规则的理解给出解释。比如可以根据犯规地点是否明显处于禁区内，手臂是否紧贴于球员上身躯干，手臂是否主动接近传球路线，接触点是否清晰，球的运行路线是否因为球与手臂接触发生改变等细节判断裁判的判罚是否准确。假如以此为据，解说员既能保持自己的相对客观和适度倾向，又可以使球迷理解判罚的正确与否。即使是那些非常忠于主队的球迷，在解说员的引导下，也不会因此而抱怨裁判，而会将此视为比赛的正常内容。

事实是，金英权起跳时就已经踩到禁区线，落下时也在禁区内。他跃起后，身体在移动时，始终张开的手臂挡下了足球，直接阻止了对方的传中。此时，距离犯规地点约20米左右的右侧边线裁判可以清楚地看到完整的过程。因而，这次判罚是非常准确的，而且从恒大队员的反应看也没有太多争议。

如果解说员对细节的解释没有到位，或者在理解不够全面的情况下质疑判罚，就与体育的专业性相违背。如果是在带有倾向性的情况下有意这样解说，就会对观众形成误导。这位解说员当时的处理，不仅质疑了裁判的专业性，也暗示了亚足联不够公正、公平，对是否应该判罚点球的分析有明显缺失，形成了对观众的误导。对此，解说嘉宾宫磊说："金英权没有明显的手球。"新浪网解说员盛云飞说："裁判这个判罚有理由，因为金英权的手臂没有完全靠紧自己的身体……如果换作其他裁判也会吹罚犯规。"相比而言，宫磊和盛云飞的评价更恰当。

但是，对于解说员的倾向性表现，球迷并非一味反对。有时候出于理解，球迷可以接受解说员“不讲理”。比如，张卫平老师在解说NBA的比赛时，由于非常喜爱姚明而频频“护短”。广大观众出于对姚明的喜爱，对这种评论并不反感。

▲ 中国篮球名宿张卫平经常担任央视体育解说顾问，对姚明十分喜爱

下面摘抄几则网络上流传的张卫平老师的“不讲理”语录：

1.凡是姚明进球：这球打得很合理，体现了姚明作为一个国际巨星及队内核心的作用。

2.凡是姚明没进：好球！（哐——打铁声）哎呀，没进。这球稍微“大”了点，虽然没进，但是这种球很合理，火箭应该继续坚持这么打下去。

3.凡是其他队员进球：我们看，这就是姚明的作用姚明在篮下牵制住了对方两到三名防守队员，让火箭的其他队员得到了轻松的空档机会。

4.凡是其他队员没进：唉，你看，这球非常不合理，这时候应该把球传给姚明呀！

5.凡是不给姚明传球的：姚明在篮下要位，我们看，还是不传，再倒过来，还是不传。火箭的后卫太缺少传球意识了。

6.凡是给姚明传球的：好球，这球传的意识非常好。火箭后卫就应该多些这样的传球，多给姚明。

7.凡是火箭队赢了：这场比赛火箭打得不错，尤其是姚明，在攻防两端都体现出了他作为一名国际巨星的价值。

8.凡是火箭队输了：火箭这场球虽然输了，但是我们可以看到，姚明的表现还是可圈可点的，主要是其他的球员发挥得太差了，没有给予姚明足够的帮助。

张卫平老师在解说中“护短”，是一种明显的倾向性解说。但这是出于对姚明发自内心的喜爱，更是出于对全国球迷喜爱与支持姚明的充分理解，是考虑了观众感受的“合理”选择。这种倾向性不仅适用于评价某名运动员，而且适用于评价某支队伍和某种技术风格。尤其解说员从技术层面对某个队员心悦诚服时，就很容易出现倾向性很强的表达。一名运动员被冠以“球王”“最佳”以后，对他的评价就容易变得有倾向性。这种倾向性如果是解说员个人的，就应该尽量隐藏，如果是多数人的感觉，则可以适度表达。

除了喜爱之外，民族情结和国家荣誉感也会影响解说员的倾向性。出于对本民族和国家的热爱和自豪，观众和解说员都会多多少少地脱离体育竞技本身，在评价中夹杂个人的情感，对本国的运动员和队伍有更细微的关注、更热切的期望和更多的宽容。尤其当比赛双方出现摩擦冲突时，解说员更容易放大对方的错误而忽视本国队伍和运动员的问题，有一种先“护短”然后“关门教育孩子”的意思。这时的解说员既要顾及本国观众的情感倾向，尽量不使用过激词语以免激发更多情绪，又要还原事实真相，引导观众冷静思考。解说员应避免两个极端：一是完全依照内心情感指引，对本国运动员和队伍极尽庇护，造成事实偏颇；二是绝对客观，只是纯粹地回顾现场情况而置情感于不顾。

总体来说，解说员应该尽量以客观、公正的态度让观众理解体育的本质，享受体育竞技本身的纯净与美好。

为了攻下体操这座体育解说的『珠峰』，金宝成老师潜心研究体操史，从中寻找规律，学习体操比赛规则，参加体操裁判考试，最终成为中国唯一一位拥有体操国际裁判资格的体育解说员。

术业有专攻与一专多能

术业有专攻，对解说行当同样适用。

在稍早的体育解说员队伍中，浙江电视台的金宝成是体操比赛解说领域公认的权威，真正做到了术业有专攻。1978年，金宝成进入体育播音领域，1980年师从新中国体育解说奠基人张之。他除了完成浙江电视台和钱江电视台的转播工作，还被中央电视台及多家地方电视台邀请参加体操比赛的解说工作。尤其是中央电视台过去十几年的奥运会体操比赛和体操世锦赛，几乎都有金宝成解说的声音。这些年，像金宝成这样擅长一门专业赛事解说的主持人越来越多，他们大多集中在拥有大量赛事版权和转播任务的中央电视台，其中有精于乒乓球解说的蔡猛、专门解说NBA的于嘉、擅长田径比赛解说的杨健等。

中央电视台在组建解说员队伍、培养解说员的过程中，有意识地进行专人专项专业化的区分。这一方面提高了解说员的专业性，另一方面也提高了观众对解说员的信任度和接受度。足球、篮球、田径、游泳、网球、高尔夫球、乒乓球、台球等常见项目都有相对固定的解说员，甚至在某些大项里又有进一步细分。比如，足球解说分为国外与国内联赛两种解说。在国外联赛里，负责意甲、西甲、德甲的解说员又相对固定。这样的安排确实有明显效果，观众对他们的专业性和解说水平往往不会产生质疑。

对解说员而言，术业有专攻就是要有专业深度，而这个专业深度来自不断的学习、大量的实践和一定时间的沉淀。以金宝成为例：从1999年天津体操世界锦标赛开始，金宝成即成为中央电视台转播重要体操比赛解说员的不二人选，那时金宝成着力于体操项目的研习已经6年。为了攻下体操这座体育解说的“珠峰”，金宝成潜心研究体操史，从中寻找规律，学习体操比赛规则，参加体操裁判考试，最终成为中国唯一一位拥有体操国际裁判资格的体育解说员。他在解说时对运动员动作的评价和分值预判已经是国际裁判级的水准，准确到位，令人叹服，堪称术业有专攻的典范。

但是，对于大多数地方体育频道来说，解说员的专业性仅限于职业联赛开展得比较成熟、比赛转播场次较多的足球、篮球等项目上。这些年，出于版权管理和观众需求等多方面考虑，地方体育频道和网络媒体把版权资金集中在少数重点项目上，比如中超、英超、意甲、西甲、CBA和NBA等。奥运会、世界杯、世锦赛等大型赛事的版权，更是都集中在少数电视台手中。这使得相对弱势的地方体育频道和网络媒体既没有机会，也没有必要培养更多的专项解说员，只需要专注于提高现有版权项目的解说质量即可。于是，地方体育频道和网络媒体对体育解说员的要求主要是具备多样化能力。

那么，怎样才能具备多样化的能力呢？

首先，理解体育运动的内涵，形成正确的体育观。

从精神层面来说，尽管体育比赛种类繁多，有集体项目、个人项目，室内项目、室外项目，水上项目、地上项目，等等，但其内核却高度一致，那就是人类通过对自我的挑战，追求精神上的升华。运动员完成自我挑战的根本动力来自对事业的执着追求，为国家、民族争得荣誉的责任感。从竞技层面来说，体育比赛比拼的是战术素养、技术能力、身体条件和临场智慧。精神层面和竞技层面的核心内容共同构成了体育比赛的内涵。在这个内涵认知的基础上，解说员随着人生阅历、专业知识与解说经验的积累，会逐步形成正确、成熟的体育观。

然后，找到解说比赛的内在逻辑和基本结构。

理解了体育运动的基本规律，当解说员面对一项新的比赛时，要学会从观众的角度发现比赛的价值、看点和趣味性；从竞争双方的立场，探寻竞争的动力来源、决定胜负的因素、彼此的实力高低和风格类型；从常见的技战术着手，解读教练的排兵布阵和运动员的执行与发挥。

解说员可以从比赛发展的过程入手，设定好流程框架，预判这个流程框架中的铺垫与高潮、平淡期与最打动人心的部分，而运动员的表现就是其中最大的变量。解说员引领着观众，期待“意料之中的意外”，欣赏竞技体育追求“更高、更快、更强”带来的刺激、震撼和美感——无论哪一种比赛，它的内在逻辑是有迹可寻的。

另外，解说员应该对运动员的技术特点、过往成绩有一定的了解，清楚赛事日程和比赛规则，注意挖掘项目本身独特的魅力，然后再开始临场创作。解说员如果缺乏专项知识的积累，那么转播时很可能会暴露出仓促与肤浅的问题，但呈现一场比赛的基本面貌的目标还是可以实现的。

最后，触类旁通，学会“复盘”，善于积累。

一专多能需要解说员有触类旁通的能力，善于从实战中总结和归纳不同运动项目的共通性。

比如，我的同事、福建体育频道的解说员文国刚就有一个小窍门：每次转播结束后，都要马上把这次比赛的过程和自己的解说从头到尾完整地在心里重温一遍。他的这种重温类似围棋选手赛后常做的“复盘”，“复盘”的重点在于反思和改进，尤其是对自己觉得不足的地方进行盘点，不失为一种提高自我水平的好办法。

善于积累，从实战中总结经验，不仅可以为解说员带来解说细节上的提升，更重要的是能使解说员对不同赛事所体现出的共同规律形成深刻的理解，进而在解说时做到自信和从容。此外，在应对一些临时任务，比如担任栏目的特约评论、访谈当事人、嘉宾时，解说员也能保持较高水准。

如果不做这样的引领，解说员只沉迷于规则的解释和比赛胜负的分析，而忽略其中真正有价值的信息，就会导致观众对比赛产生片面印象。

伴随抑或引领

伴随抑或引领？这是个关乎解说员存在感的问题。

有人说，好的解说使观众在愉快欣赏比赛的同时感觉不到解说员的存在。我认为，与其说这是一种对解说的要求，不如说是对解说“伴随风格”的诠释。

事实往往是，解说员的存在已经成为大多数观众欣赏比赛的“必需品”。

在传播媒介高度发达的今天，观众通过各种途径看喜爱的体育比赛时，对不同的解说员、不同风格的解说有自己的偏好，会在各种互动平台表达对解说员的赞誉或不满，甚至看这家的画面听那家的解说……这些都充分说明了解说员对观众欣赏一场比赛的重要性。看比赛、听解说，是多数观众欣赏比赛的习惯，解说是欣赏一场精彩比赛的重要组成部分。

1982年，中国女排冲击世锦赛成功，人们不仅牢牢记住了郎平高高跃起的身姿，同时也记住了宋世雄那高亢嘹亮的欢呼。人们会因为解说员精彩或独特的点评对某场比赛留下深深的印象。有的解说会伴随着那些精彩片段永远留在体育爱好者的脑海里。

体育解说是一种专业的语言创作类别，分为两个层次：让人感觉不到解说员存在的解说，是第一个层次；而让人在欣赏精彩比赛的同时还感觉到精彩的解说，是第二个层次，而且是更高的层次。前者，提供潜移默化的服务，类似伴随；后者，唤起精神上的共鸣，类似引领，是对更高层次观赛享受的追求。

就一场完整的解说而言，伴随和引领是并存的。

对背景的介绍、对形势的分析、对技战术的说明、对球队或选手特点的评价、对变化的解释，都可视为伴随式的解说。

而引领则是一种观点的碰撞、心灵的交流：有时是精神上的互动，饱含情感色彩，引起观众共鸣；有时是理性的控制，引导观赛心理，带动关注焦点。

2014年意大利女排世锦赛上，面对东道主意大利队，中国队主教练郎平关键时刻挑战鹰眼成功，使比分从10比10，回到11比9。一次挑战成功，取得了2分优势。解说员如果只说明挑战成功和比分情况也可以，但如果解说员在恰当时机，把这次挑战成功在胶着之际对比赛双方心态的影响、对整个比赛局势的影响加以评价，则不仅能加深观众对比赛的理解，同时还可引发观众对郎平执教能力的赞赏。此外，还能使观众通过这个细节，意识到高水平教练是如何发挥临场作用、如何赢得运动员爱戴的，这就是一种引领式的解说。

解说员在解说比赛时，要了解观众的普遍心理，不能仅仅把观众看作简单的信息接收者，而要把观众当作转播服务的对象，从简单的提供信息向同时提供精神服务转变。解说员不能只满足于对比赛内容进行描述和解释，还要在解说的过程中实现和观众在观点上的交流，达到思想上的互动与沟通。

每到奥运会、世界杯，球迷都会相约观赛。观赛期间，他们之间的思想交流和情感宣泄成为增加观赛乐趣的重要形式，有时甚至超出对比赛本身信息交换的需求。这种充满仪式感的群体行为，从体育的角度反映了人类社会一种典型的生存现象。在这个时刻，体育比赛所带来的群体意识，小到个人崇拜，大到民族情感、国家荣誉，在球迷心目中有着沉甸甸的分量。充分认识到这一点，解说员就不难明白，自己的每句评论都有可能对观众的情感产生放大效应。因此，解说员要充分理解和把握这种心态，才能引领得当。

以观看中国国家队比赛为例，如果中国队总是输，我们便会听到球迷恨铁不成钢的一句话：我再也不看中国队的比赛了！这句话所包含的爱与恨，是那么复杂、深刻，可谁又会真的不看呢？人们渴望的是那个拼搏的中国队、胜利的中国队。所以，解说中国队的比赛对解说员而言就是一把双刃剑，需要解说员具备高度的专业性和高超的解说技巧。此时，潜移默化的引领式解说就变得十分重要。

2014年5月29日，宫鲁鸣带领的新一届中国男篮在澳大利亚与澳大利亚男篮进行了一场热身赛，由于这支队伍是首次通过电视转播在国人面前亮相，因此比赛备受关注。但是，这场比赛出现了出人意料的情况，球风历来以粗犷凶狠著称的澳大利亚男篮犯规动作频出，加上裁判尺度也比较宽松，年轻的中国队从一路领先到慢慢被逆转，在加时赛的最后时刻输掉了比赛。

杨健和杨毅是这场比赛的解说搭档。尽管事先了解澳大利亚

▲ 2014年5月中国男篮与澳大利亚男篮热身赛

▲ 宫鲁鸣

队的比赛风格，但他们对出现这么多超常规的犯规动作还是非常惊讶，于是在解说中围绕这个话题进行了大量点评。比如，他们直言对方球员的个别动作“太脏”，暗示裁判偏袒对方，对其犯规动作“居然不判”，建议中国队“双方第二场比赛可以不打了，肯定会有人受伤”。

作为面向国内的转播，解说立场倾向于中国队固然没错，但是这些略显激愤的评论，使球迷的关注点被引向双方身体对抗的部分，尤其是在对方个别球员的犯规行为上。这种解说虽然合乎情感，却把观众的注意力引入一个相对狭窄的空间。

好在经验丰富的杨毅及时点评了这场比赛的另一个重点，就是对中国队的锻炼价值。他认为，在激烈的对抗中，中国队坚持以我为主，军心不乱，不抱怨，表现出了打硬仗的能力和精神，并以此判断：“中国队适应高强度身体对抗的比赛能力取得了长足进步，以今天的表现，亚洲范围内只有伊朗可以成为其有威胁的对手。”（这个判断在2015年10月亚锦赛半决赛中，通过中国队战胜伊朗队得到了验证）就当时那场转播而言，这个及时到位的点评把观众的注意力重新引向比赛的真正看点。观众转而关注到场上这支年轻的中国队如何发挥身高优势，如何根据对方特点令其犯规，如何避实就虚地分配球，而不再仅仅关注那些犯规动作的片段。如果不做这样的引领，解说员只是沉迷于规则的解释和比赛胜负的分析，而忽略其中真正有价值的信息，就会导致观众对比赛产生片面的印象。

可见，解说员要实现恰当引领，掌握分寸，以便引发共鸣。反之则过犹不及，为人诟病。2014年巴西世界杯足球比赛期间，中央电视台几位解说员在保留各自风格的同时，在技战术打法的分析上出言谨慎，不轻易作出球队应该如何如何的评论。这就是为了避免观点不同带来不必要的争论，干扰球迷对比赛本身的观赏，引发球迷对解说的负面评价。

现在，观众观看比赛时可以通过网络和多媒体终端即时地发表意见，实现互动。解说员也完全可以即时察觉观众的所思所想，从而更容易开展话题和实现引领。如果说过去的解说员因为传播手段不够丰富，没能实现及时、主动的引领，那么今天的解说员应该有充分的理由和条件做好这个服务工作。

在实践中，解说员往往只掌握了媒体公开报道的那部分信息，这些信息拼凑起来的比赛背景常常是不全面的，而缺失的部分可能很关键。

子非鱼

庄子和惠子游玩山水之时，为我们奉献了常被引用的一段对话：

“子非鱼，安知鱼之乐？”

“子非我，安知我不知鱼之乐？”

细想起来，这段对话也道出了解说员经常被诟病的问题。

在一场比赛中，解说员必然会对技战术作出分析、评论，比如好在哪里，不足是什么；对趋势作出判断，比如一套打法导致的结果，一次换人带来的变化，一个失误对局面的影响等。正是这些组成了一场专业解说，体现了解说员的体育专业素养。

但是，解说员所具备的专业素养和经验，并不等同于对所有比赛信息的掌握。从教练员和运动员的角度看，他们在准备比赛和进行比赛的过程中，需要应对的问题、需要把握的时机常常复杂多变且互相影响，他们有很多不为人所知或不希望为外人所知的要考虑的因素。比如，主力的伤病、内部的比赛策略分歧、新技术的使用等，这些不透明的部分皆为比赛双方各自的秘密。

2015年2月25日，北京队与广东队打响了CBA季后赛半决赛首战。作为北京队的绝对主力的孙悦能否上场比赛，将对全队的战术执行产生重要影响。因此，北京队没有发布他的伤病情况，这增加了对手备战的难度。比赛刚开始，解说员针对孙悦的肩膀习惯性脱臼，没有及时手术而坚持打完常规比赛这件事表示了担心。当第三节孙悦又出现脱臼被迫下场治疗时，解说员指出：“因为孙悦这个赛季确实是拿了高薪，就要对得起自己的工资待遇，应该为俱乐部尽全力拼搏。”

▲ 孙悦在比赛中受伤

这场比赛最终由带伤出场的孙悦和队友们夺得胜利，而解说员这一句看似合理却实为揣测的评论事后引发了球迷较大的争议。曾加盟北京队的前八一男篮球员闫宇峰在个人微博里表示：

今天央视的解说似乎有些不妥，说起孙悦肩膀脱臼需要手术，却依然坚持比赛的事情，作为运动员出身的我完全了解，在比赛打到这个时候，可以说孙悦是怀着对篮球的热爱，是对胜利和总冠军的渴望，在坚持比赛。他的这种坚持是值得我们尊敬的，这种正能量是多么值得宣扬啊！可这个时候，您来一句他的年薪很高，也可能是不好意思不打，当时把妙语连珠的解说嘉宾霍楠都整无语了！当时我的心情是，如果冲着电视扔手机能砸到人，我会毫不犹豫的！

的确，在实践中，解说员往往只掌握了媒体公开报道的那部分信息。这些信息拼凑起来的比赛背景常常是不全面的，而缺失的部分可能很关键。没有了这部分关键信息，解说员可能对比赛只有表面的判断，很难对不合乎寻常的比赛内容作出准确的推理。比如，孙悦的伤是否需要进行手术治疗、什么时间进行手术，需要球员与球队共同商讨、权衡。这其中有些内容至少在短期内是不希望被外界了解的。这种情况下，解说员在解读比赛时作出的解释，正应了“子非鱼，安知鱼之乐？”这句话。

有些解说员更顺势拿起“教鞭”，不断提出自认高明的战术，对符合自己思路的变化表示认同，与自己想法不一致则批评、质疑、扼腕叹息，无形中对运动员、教练员在专业素质方面造成贬损，这种情形并不少见。有的解说员嘲笑运动员犯下的技术错误“很业余”，殊不知，这样轻易评价一名职业运动员会对其造成很深的伤害，这种做法非常不可取。运动员在场上拼搏的强度和困难是没有从事过该项运动的人无法体会到的，可以惋惜失误、指出不足，但嘲讽、讥笑是背离体育精神的不合格“解说”。

此外，我们还常会看到解说员对裁判的质疑。比如，在解说过程中发现裁判的判罚与自己的判断不同，就认为裁判选位不好、没看清楚等，这是一种越俎代庖、主观臆断的行为，也是对裁判的不尊重。在快节奏的现代体育竞技中，没有任何技术可以取代裁判的临场判断，解说员仅凭借几个有限的转播机位和慢镜头回放所获得的信息量是不能和现场的裁判相比的。

因此，对裁判在比赛中的失误，解说员应该有更多包容和理解，对他们的职业水准有更多信任。解说员不能轻下结论，认为裁判没看清。事实上，只要解说员不想当然地代言，准确观察、客观解读、中肯分析，看问题留有余地，多说几个可能，试探地指出问题、抛出思路，完全可以完成一场有专业素养、有观点、有个人风格的解说。

当比赛结束后，解说员的点评依然要秉持公平、客观的原则，不因结果去贬损失败方的技战术，不在此时分析失利者在性格或斗志方面的弱点，而是尽量将点评控制在一个不苛求的尺度上。

对失败者的赞美

比赛的目的就是分出胜负，赛场上总会有胜利者、失败者。胜利者往往赢得赞美，而失利的一方会留下很多遗憾，收获同情或受到批评。

但是，无论从媒体立场、受众心理还是竞技体育精神的角度，看待一场比赛的胜负，都不应该忽视失败者的感受，不应该忘记失败一方对比赛的贡献。

一家专业的媒体，当然要考虑对自身形象的塑造，客观、公平、公正是一场赛事转播的准则。除了以先进、专业的设备和技术手段为观众提供体育比赛的完美视听体验，转播媒体还应通过解说员在内容上展现对体育项目的充分诠释，为观众提供贴心尽责的服务。当比赛结束后，解说员的点评依然要秉持公平、客观的原则，不因结果去贬损失败方的技战术，不在此时分析失利者在性格或斗志方面的弱点，而是尽量将点评控制在一个不苛求的尺度上。这不仅是恰当的媒体态度，同时也是对观众的正确引导。

比如，2015—2016赛季英超联赛第28轮，利物浦队在主场以比分3比0战胜了曼城队，让正在争取夺冠机会的曼城队面临重挫。比赛结束后，解说员当然应该对胜者的出色发挥予以赞扬，但是如果对共同奉献精彩比赛场面的曼城队也给予肯定，对观众中的曼城队球迷来说则是一个很好的引导。巧合的是，就在双方4天前进行的联赛杯决赛中，曼城队是通过点球捧杯的一方。比赛结束后，曼城队的队长孔帕尼在第一时间主动去安慰了点球失利的利物浦队球员，体现出职业球员良好的体育道德。而如果在曼城队失利的此时，解说员能引用几天前这个例子，会让观众更好地理解胜负，理解职业足球中的体育精神。

正在收看比赛的观众，绝大部分是有倾向性的，当自己支持的一方最终输了比赛，也需要解说员在情绪上给予恰当的疏导。过激或是不当的点评会引发观众对解说员及其所代表的媒体产生负面的印象。

2014年索契冬季奥运会短道速滑女子500米决赛中，英国、意大利和韩国的选手发生碰撞几乎同时摔倒，中国选手李坚柔意

▲ 索契冬奥会短道速滑选手摔倒

外地获得金牌。这对在该项目有两名主力未能进入决赛的中国队来说是个大大的惊喜。解说员和嘉宾杨扬都抑制不住激动心情高声欢呼喝彩，对中国队表达祝贺并对历经磨砺的李坚柔给予赞扬。稍显遗憾的是，解说员始终没有对其他三位选手因为意外而失利进行评价和安慰。实际上，韩国选手朴升智是赛前的夺冠热门，李坚柔的成绩与其他三人相比并无绝对优势，她的夺冠有很大的运气成分。比赛结果反映出了该项目竞争的残酷性，但所有能进入决赛的选手，无论是运动技能还是体育精神都值得褒扬和敬佩。令人欣慰的是，在稍后的评论中，当解说员说到中国队就是要抓住对手失误的机会时，嘉宾杨扬及时强调，说自己指的机会是互相超越、争抢位置出现空当的机会，而不是利用对手失误的机会。从这点来看，嘉宾杨扬对竞技体育精神的理解确实更加到位。

所以，从体育竞技精神的角度来看待比赛，只要所有运动员努力过，就没有真正的失败者。只要发挥了水平，赛出了体育风格，就应该被所有人尊重。失败者同样应该赢得掌声，这正是体育比赛打动人心的地方。作为解说员，在比赛结束后，应该能够及时跳出比赛本身的限制，从体育精神的高度去关注那些失利者。

2015年亚洲杯四分之一决赛，以0比2输给东道主澳大利亚队后，筋疲力尽的中国男足队员绕场一周向现场助阵的中国球迷致谢，球迷用掌声和呐喊鼓励队员们继续努力。对中国足球来说，这样的场面实在是久违了。尽管是一场完败，可中央电视台负责解说的贺炜和徐阳在此时此刻对球队的进步，尤其是拼搏的精神给予了高度赞扬，这与现场氛围非常贴切，贺炜还建议电视机前的观众也起立为中国队鼓掌。解说员发自内心的情感会让球迷为之动容。这样的解说可以让一场失败成为令人印象深刻的经典赛事，这样的解说也堪称精彩。

▲ 中国球迷的助威呐喊

▲ 中国男足赛后向球迷致谢

体育竞技自身的魅力是体育传播的主要内容，个别情况下出现的与政治有牵连的内容往往是少数人的借题发挥，多数观众所关心的是比赛本身。解说员这时候要善于判断，作出正确选择，妥善应对。

体育里的政治问题

体育里有无政治这个问题，学界经过多年探讨已经形成共识：体育与政治存在着密切联系，体育与政治相互影响、相互作用。

所以，简单地说体育与政治无关，只是个美好的愿望，不能作为体育媒体从业者对这个问题的判断。既然如此，应该如何把握体育解说中遇到的政治问题呢？

作为媒体从业者，解说员应该具备基本的政治素养和高度的政治敏感。解说员应对舆论导向、政策法规和所在媒体对政治宣传方面的要求有清晰的认识，这也是我国广播电视新闻机构从业人员的基本素质。

很多情况下，体育比赛本身会因国家荣誉和民族利益带有政治色彩。20世纪60年代初的中国，正处在国际反华声浪的包围中。1961年第26届世界乒乓球锦标赛的转播中，张之和宋世雄老师满怀激情的解说以及中国运动员出色的表现，极大地鼓舞了全体国人的爱国热情和团结奋斗战胜困难的决心；2008年北京奥运会前夕，发生在火炬传递过程中那些不和谐的干扰事件，至今还让国人对某些别有用心的群体耿耿于怀。

在赛事解说过程中，如果遇到事关国家利益、民族荣誉的事件，解说员应该为宣扬和维护我们的国家荣誉和民族精神而勇敢发声，这是一名新闻工作者应尽的义务。

绝大多数情况下，体育竞技自身的魅力是体育传播的主要内容，个别情况下出现的与政治话题有牵连的内容，往往是少数人的借题发挥，多数观众关心的是比赛本身。解说员在这种时候要善于判断，作出正确选择，妥善应对。

一般来说，当涉及政治话题时，解说员应尽力避开该话题，尽量保持体育比赛的纯洁性，以引导人们欣赏体育竞技之美为根本目的。解说员的描述和评论都应围绕比赛逻辑、选手表现、竞技规则等和比赛内容直接相关的话题展开，对比赛过程的描述应该就事论事，避免受到政治因素的影响。对选手的国别、种族问题及选手和观众超出体育范畴的表现不予置评，对不得不提及的话题也必须在体育道德的范畴内给予评价，这是涉及政治话题的解说应遵循的基本原则。

有的时候，空泛的政治话题可能引发不必要的联想。比如，2014年巴西世界杯足球赛小组赛结束后，媒体纷纷感叹亚洲球队的全军覆没。有人发出伤感的声音，认为中国人应该为亚洲球队的出局而遗憾。这里面隐含的一种区域共同体的情结其实与世界杯的竞技本质毫无关联。解说员如果主动表达这样的情绪，对观众的引导势必有失偏颇。而在中央电视台晚间的节目里，主持人张斌给媒体从业者做了表率。他认为，亚洲球队的糟糕表现，如果影响到国际足联对亚洲参赛队伍名额的分配，最终会对中国队产生影响，值得关注；同时同为亚洲人，我们应总结世界足球发展趋势给技术带来的影响和对身体要求发生的变化。这样的评论非常专业到位，紧紧围绕足球运动本身又紧紧关注中国的自身发展，远远优于只从相对狭隘的亚洲区域情结出发所作的评价。

同样，一些根深蒂固的种族观念也偶见于国内媒体对比赛的转播中。比如，个别解说员对运动员的肤色发表评论，这是与体育本身无关的话题。实际上，种族问题、民族问题本身就是敏感的政治话题。比如西班牙足球甲级联赛，巴萨主场经常有球迷挥舞着印有加泰罗尼亚独立标志的旗帜，他们甚至用语言挑衅来访球队。而在客场，巴萨常常要面对那些反对独立的球迷发出的阵阵嘘声。所以，解说员在解说比赛时要慎重考虑对相关背景信息的使用，不应该因为相关话题看起来离我们遥远而肆意评论。

在信息传播发达的当下，体育解说员需要提高对政治话题的警惕性。2002年韩日世界杯，韩国队同西班牙队的比赛中，对当值裁判袒护东道主的表现，解说员一句“这不是亚洲足球的光荣”，甚至引发外交事件，韩国驻华使馆向中国外交部提交了抗议。另外，对一些名称的使用也要慎之又慎。比如，台湾的体育组织和球队与祖国大陆的比赛交流已经十分频繁，组织机构名称、球队名称在直播中该如何正确表述都是解说员在实践中必须掌握的常识。

相比较而言，理性地解说比较困难。这种困难并非体现在专业性中，而是指在这个娱乐化的时代，理性的表达方式一般需要付出更多努力才会为观众接受。这对一个解说员的职业生涯来说，压力来得偏早。

解说员的形象塑造

前文在讨论解说分寸、倾向性和体育里的政治等话题时，已经从不同角度谈到了解说员的定位问题。解说员首先是媒体人，然后才是体育转播团队的一员，同时兼有体育爱好者的属性。本文所说的形象塑造是指解说员基于以上几种基本的身份定位的把握，在实践中逐步树立起“我是谁”的自我认知，在工作与生活中形成内外统一的解说员形象。

解说员的形象是怎样的，或者说应该是怎样的呢？关于这个问题，仁者见仁，智者见智。因为思维习惯、语言特点、个性和外形等方面的差异，解说员的形象各不相同。比如，有的解说员严谨谦和、含蓄理性，有的解说员犀利老辣、激情动感。在真实的基础上有意识地按照定位去塑造自己的形象，这对每个解说员的职业发展都是有益的。

解说员的形象塑造首先应关注理智与情感的选择问题。人的外在气质是内在修养的表现，惯于深思熟虑的人，在表达上往往具有理性的特点；性格上敏锐且外露的人，在表达上往往具有感性的特点。无论是理性还是感性，都不应该单独存在。因为只做逻辑清晰的推论，解说员的形象难免显得刻板而无趣；只是概括观点和感性表达，解说员的形象又显得空泛而单薄。所以只有兼具理性与感性，解说员的形象才可丰满。比如，当2015年NBA全明星赛扣篮大赛进入拉文时刻，新浪体育的解说员杨毅和柯凡都不约而同地发出持续的惊呼与感叹。这个时候，唯有感性的表达才能与所有球迷形成共鸣。当理性回归，两位解说员再把脑海中涌现的扣篮大赛历史上的精彩时刻、过往数据与球迷分享，让球迷得以在更高的层面评价和欣赏拉文的精彩表现。

▲ 2015年NBA全明星赛拉文时刻

事实上，几乎每场比赛中解说员都会在理性与感性间游走。有的解说员擅长理性分析，解说中的推理和数据分析会占据更多时间；有的擅长情感的抒发与表达，会不时穿插故事、历史和对人性的描述。总之，解说员在整体上会给观众留下更偏重理性或感性的印象。这种不同并无优劣之分，解说员应该发现自己擅长的部分，并不断去完善和发展，形成自己鲜明的解说风格。

一直以来，无论是理性的解说员还是感性的解说员，都涌现出许多杰出的代表。以理性著称的解说员有王泰兴和孟洪涛等，以感性闻名的解说员有焦研峰、詹俊等。此外，许多解说员并未明显地表现出是更具理性特点还是更具感性特点。相比较而言，理性地解说比较困难。这种困难并非体现在专业性上，而是指在这个娱乐化的时代，理性的表达方式一般需要付出更多努力才会被观众接受。这对一个解说员的职业生涯来说，压力来得偏早。但这种方式一旦被认可，则会在相当长时间内得到一批拥戴者的稳定支持。

解说员形象塑造中需注意的另一个重要问题，是在职业化和生活化之间的选择。选择不同，解说员与观众的关系就不同，表现在屏幕上的亲和力就不同。

职业化，是人们自然形成的对解说员的普遍印象，也是传统媒体对以男性为主的体育节目主持人包装的一种模式化表现。在语言表达与解说的方式、方法上：在开场白或过渡段落使用相对规范的定式语言，在解说过程中使用更多书面化的措辞，个性化的语言表达和个人情绪的表露较少；在解说中对资料的使用准确、细致而且完整，解说内容偏重过程描述，对局面的分析判断以阶段性总结为主，涉及专业性强的细节多以专家点评为依据。在造型着装上：注重整齐精细的发型，穿深色的传统版型西装，配以白衬衫和素色领带，给人严谨、规范的整体印象。

这种职业化的解说形象，在20世纪七八十年代以后的中国电视体育传播发展过程中非常典型。这是由那个年代的人们对解说职业的认知、传统电视媒体对主持人的职业要求以及当时电视技术发展水平、电视承担的社会功能共同决定的。

在21世纪，互联网、自媒体迅速发展，传播者与接收方的互动方式变得多样化，传统的职业化解说形象面临挑战。但转变并不意味着消失，传统主流媒体的严肃气质，仍使得该媒体的解说员带给观众天然的专业权威感。一些大型赛事开、闭幕式和一些专业性很强、现场氛围严肃的比赛适合由这类解说员来解说。事实上，NBC（美国全国广播公司）、BBC（英国广播公司）等欧美主流传媒的体育频道主持人和解说员一贯保持着严谨、冷静、睿智的形象，在着装和整体风格上也趋同于这种气质，他们往往在橄榄球、篮球和足球等传统大型赛事转播中掌控大局。

然而，在体现出专业性和权威感的同时，体育解说员的职业化形象也与观众产生了距离感，即便是天生就具有亲和力的解说员，也依然使观众有仰视的感觉。

2000年，从太阳队退役的著名NBA球星“大嘴巴”查尔斯·巴克利和当时NBC的老板马克·拉扎鲁斯一起吃饭时，两人有这样一段对话：

马克·拉扎鲁斯： 你如何看我们的解说团队？

查尔斯·巴克利： 你们根本不会搞笑，记住，你们不是癌症医师，不是警察，笑一笑嘛！

马克·拉扎鲁斯： 你能胜任？

查尔斯·巴克利： 完全可以。

最终，巴克利选择了在TNT（特纳电视网）担纲解说而不是马克的NBC。但这次谈话极大地影响了美国体育传播中体育解说的发展方向。巴克利后来也表示："我的梦想和希望，就是让人们看篮球比赛时获得享受。这不是在教堂，没必要那么严肃。"

人们自然不会忘记巴克利在他的NBA解说生涯中的"经典"时刻。2002年11月23日，NBA选秀状元姚明在火箭队对小牛队的比赛里轰下30分16个篮板，彻底叹服的巴克利只好兑现他在上一场解说时许下的诺言，那就是倘若姚明在任意一场比赛中砍下19分，他就会亲吻搭档肯尼·史密斯的屁股（实际上姚明在那场火箭队对湖人队的比赛里就拿下20分，巴克利却认为是奥尼尔没有上场的缘故）。于是，肯尼·史密斯牵出以500美金租来的毛驴代替自己，就此留下一段解说趣事。当然还有奥尼尔解说时打赌输给巴克利，当众脱下长裤，露出花内裤的笑话等。2015年5月，奥尼尔和巴克利双双与TNT续约，证明了观众对这种解说风格的认可和喜爱。

一向以严谨著称的BBC最近十年也在转播时引入轻松、幽默的风格来吸引观众，努力改变过往刻板的形象，这对提高收视率帮助很大。但由于过于随意，2012年BBC伦敦奥运会的解说团队

▲ 巴克利吻驴

在卖萌、调侃和制造幽默之后，屡屡出现事实错误和情绪化报道，饱受观众与媒体同行的质疑。

所以，不能把传统解说形象的转变简单理解为在解说中加入幽默或娱乐化元素。实际上，它是媒体功能转变后的一种表现。媒体从把观众视为受众并进行单向传播、为观众提供既定服务，转变为把观众视为客户并进行双向交流、提供更注重受众感受的贴近性服务，客户评价成为媒体衡量转播质量的重要指标。由此，媒体对解说员的转变要求是全方位的。在保证专业化标准的基础上，解说员的形象不仅是娱乐化的，而且是生活化的。

相比职业化的形象塑造，生活化使解说员更“接地气”，亲和力更强。解说员的着装看上去轻松随意，西服、便装和运动休闲服都比较常见。他们在语言上呈现出生活化的特点，不刻意措辞，仿佛在与朋友交流。这种形象能够瞬间拉近解说员与观众的距离，解说员表达的观点也更容易引起共鸣。与传统意义上的主持人的亲和力不同，这是一种近似平民化的亲近，是观众身边常见且可以触及的一种亲近。

目前，国内的传统媒体平台开始在常态化转播中尝试生活化的形象塑造。在网络平台上，生活化的解说员形象已经成为主流，这仿佛是新兴解说员与传统解说员的区分标志。在转播中，解说员甚至直接与观众讨论一些与比赛无关的话题。比如新浪解说在转播全明星周末正赛时会告诉观众，“这段画面电视台肯定不播，都在放广告呢”。一些解说员还相互调侃收入，宣扬自己的“低收入”。这些生活化的表达以解说员的真实生活经验和真实情感为依托，让解说员的形象平易而丰满。

无论解说行业如何发展，无论国内还是国外，解说员传统的职业化形象和生活化形象、解说的理性化和感性化风格都是并存发展的。解说员的形象塑造基本是根据自身特点，围绕理性化、感性化、职业化和生活化这四个维度去选择、发挥、拓展、创造，最终形成自己独有的风格与特色。

如果解说员会打篮球，那他自然明白利用『卡位』和奥尼尔抢篮板球几乎不会成功；如果解说员会踢足球，那他自然明白在小禁区里像曼联队的范尼那样淡定完全不可能。

实践出真知

以中央电视台为代表的媒体在培养专业化解说员的过程中，选择了不少专业运动员作为培养对象，这些培养对象中的很多人已经成为观众喜爱的解说员。尽管如此，体育解说作为一个专门的媒体职业，其专业特点仍让很多体育专家止步于门外。我们还是不能轻易得出类似“演而优则导”这样的“专而优则说”的判断。

那么，哪种能力能让曾经的专业运动员或体育专家在解说岗位上如鱼得水呢？在媒体看来，他们在解说中表现出来的说服力是最重要的优势。

无论是点评技战术还是研判局势，专家解说会因为一个细节的描述、一个到位的措辞让观众理解并叹服。比如2011年上海游泳世锦赛上，周雅菲在解说中对“送肩”的描述；再比如杨影在乒乓球转播时会说某个球打得很“实惠”。她们表达的观点的说服力和可信度，绝不仅仅是由于观众对她们身份的了解，更多来自于她们长期丰富的专业实践和无可替代的专业修养。

对于大多数媒体出身的解说员来说，在专业修养上达到这些有体育专业背景嘉宾的高度是不太可能的，但必须把提高体育专业的修养作为职业追求的目标之一。其中一个看似很笨却很实用的办法就是亲身实践，在实践中理解某个项目的奥妙，体会它的魅力。如果解说员会打篮球，那他自然明白利用“卡位”和奥尼尔抢篮板球几乎不会成功；如果解说员会踢足球，那他自然明白在小禁区里像曼联的范尼那样淡定完全不可能。

有时候解说员要费劲地解释几分钟的技术动作，运动员只需要零点几秒的反应时间就可以完成，而且是那么的完美和绝无二致。解说员如果没有实践体会，就难以准确理解，更无法用语言去传递或评价运动员的感受。

比如，我们经常听到解说员用“视野”对运动员在比赛中表现出来的观察力和判断力给予褒贬。一般人如果没有切身感受，很难真正明白运动员在比赛中那个动态的“视野”是什么概念。试以足球为例，解说员和观众看到的电视转播的比赛画面，是以45度以上的俯视画面为主，所以有更好的视野，很容易评判一个球的处理是否合理、线路是否准确。可是，如果换到球员的视野，尤其是动态对抗的情况下，球员是什么感受呢？如果亲身尝试过，大概就能明白难在哪里或者精彩在哪里了。

我们来看看西班牙足球队的著名中场球员伊涅斯塔经典的“一对五”的场景，设想一下他的视野里是什么吧。（见下页附图）

如果解说员从不亲身尝试他所解说的项目，即使他很敬业，而且对有些项目确实比较“通”了，仍免不了在解说中闹出笑话。因为当他在解说中试图指出运动员的失误原因，认为他们该

▲ 伊涅斯塔“一对五”经典场景

如何去做时，你会发现那往往是实战中不可能做出的动作，甚至可能会给运动员带来身体伤害。如果解说员自己尝试过这个项目，就不会给出类似的“指点”和“昏招”了。

NBA常规赛MVP（最有价值球员奖）评选历来是篮球界的一大盛事。这个奖项在创办之初以球员票选决定归属，到20世纪80年代以后改为主要由资深体育媒体人决定奖项得主，2010年后开始加入球迷票选份额。可以看出，该奖项的评选规则是随着NBA自身发展的需要而调整的，但却与奖项本身的诉求有实际的偏差。

前雷霆队的球员凯文·杜兰特在接受记者采访时有感而发：

> 我认为媒体在奖项投票这块的权力太大了……是的，我们每晚都会互相交手。我们知道他们在场上说什么，我们知道他们如何对待队友，我们知道他们如何准备比赛，所以我们的投票应该被考虑在内，我们的意见也应该被考虑在内。就像我说的，我不认为你们(媒体)懂的比我们多，所以我不知道为什么你们拥有比我们更大的权力。

是的，不论解说员认为自己多么了解一个项目，在感受上与实际的参与者相比还是存在距离的。这种距离产生的美感让我们对运动员的专业更加敬重。这种距离也会影响解说员对评论尺度和精度的把握，而缩小这种距离的最佳方法，就是亲身体验，参与其中。

众所周知，很多体育媒体人都是体育爱好者，经常参加一些项目的活动和比赛。在解说员队伍中，不乏业余体育比赛和活动的积极分子，甚至有很多体育公益活动的发起人。体育迷熟知的于嘉活跃在跑步圈，蔡猛是马背上的高手，孙正平、杨毅、徐济成经常出现在篮球场上，刘建宏、贺炜从大学时起就是热忱的足球爱好者和参与者。这些亲身经历不仅让解说员对自身充满自信，同时也加深了他们对体育的理解。徐济成在解说CBA时曾经讲述自己打球时对身体对抗的体会，他说：“你不能这么干，犯规谁不会呀？犯规要在合理的地方，否则就是道德问题了。”他用自己的经历向球迷解释场上出现的犯规情况为何是球员不合理的选择造成的，这就是实践有益于解说的一个例子。

再看中央电视台转播2012年伦敦奥运会赛艇轻量级女子双人双桨决赛，解说员刘星宇在选手冲刺前两分钟的解说：

> 在1,200到1,500米的过程中，所有选手都要度过身体条件最为恶劣的时间，一定要有水下支撑的力度、深的呼吸、正常的桨幅来把这段艰难的时间度过去。出现二次呼吸之后，心理会得到一个改善，这个时候往往是耐力储备最好的选手扩大自己领先优势的时机……还有最后的500米，对于徐东香和黄文仪来说这时就要靠水下力度支撑住，同时桨频要往上升，35桨！这个时候乳酸会逐渐地堆积，选手的大腿会像被胀裂了一样难受，但是就在这个时候咬牙顶住，每一桨的效果会非常好……

▲ 2012年伦敦奥运会赛艇轻量级女子双人双桨决赛

最终，中国队超越希腊队夺得银牌，这是中国赛艇项目在这届奥运会上获得的首枚奖牌。这段解说感情饱满、内容丰富、专业性强，是很好的作品。这得益于刘星宇在清华大学期间，作为清华赛艇队的一名队员接受前国家队教练的专业训练的经历。正是对赛艇运动的知识积累和切身体会，刘星宇在解说赛艇项目时才可以有较高水平的创作。

所以，对一名合格的体育解说员来说，应该对体育运动有浓厚的兴趣，尽己所能地去学习、参与一些运动。实践出真知，实践确实会给我们所热爱的解说事业带来帮助。

它们并非相声演员的『抖包袱』，不是你今天准备了，明天就可以在解说中用得到，也许它们永远都只是珍藏。

真爱，才有“家珍”可数

2008年12月，意大利人佐拉作为英超西汉姆联队的主帅，重回斯坦福桥对阵自己身为球员时效力过的切尔西队。除了比赛结果外，人们把更多注意力都放在佐拉身上。资深球迷知道，昔日的带头大哥对现在的切尔西队意味着什么。在这样一场充满故事性的比赛中，如果解说员不能给观众提供足够的“粮食”，那感觉一定会差很多。

在比赛中，解说员常常根据场上的情况讲一些故事，让观众理解比赛，对球员表现、球队精神有更多的感受。这些故事来自解说员的常年积累，在关键时候就会发挥非常重要的作用。当解说员如数家珍地把昔日的动人时刻向球迷娓娓道来时，那种与观众内在的情感共鸣，正是解说员追求的至高境界。

2015年2月，切尔西队队长特里在推特上秀出一张黑白老照片：照片前景是走廊上正在弯腰整理球鞋的队长佐拉，走廊远处抱着一堆凌乱的球衣走过来的是一脸稚嫩的年轻特里。特里解释说，当时佐拉在训练结束后正准备去加练任意球，而自己抱着队友换下来的脏衣服正要去洗衣房洗衣服。

看到这里，不禁令人想起2008年那场比赛，切尔西队员看向对手教练席的目光，想起特里在自传里曾经说过的话：

> 佐拉没有架子，而且对我这样的毛头小伙子特别关照，训练结束后经常留下来陪我加练。一开始佐拉和我玩10次一对一，能过我10次。后来我进步了，他只能过我9次了！

▲ 特里上传至网络的老照片

这些点滴的往事是解说资料中动人的部分。它们并非相声演员的“抖包袱”，不是你今天准备了，明天就可以在解说中用得到，也许它们永远都只是珍藏。但这和所有球迷一样，是解说员内心喜爱某项运动或者喜欢某支球队的理由。讲述这些故事，是解说员基于对某项运动长期的关注和勤奋积累之后自然“发酵”的结果，是解说员被正在解说的比赛场景触动，有感而发的结果。

当然，解说员不能只停留在单纯的球迷认知的层面。和多数球迷可能只关注个别项目或者个别球队不同，解说员要在所解说的项目上尽可能地拓宽视野，从更高的层面去理解和记忆相关信息。这种经年累月的积累需要对体育运动发自内心的喜爱，对解说职业有着执着追求，否则很难坚持下去并形成良好的习惯。

很多时候，解说员并不是有意识地积累信息，而是被动地接收信息，这在互联网时代尤其多见。被动接收与主动积累有很多不同，主动积累使大脑自然而然地在年代、人物和事件上形成关联，当需要使用的时候能迅速撷取关键的信息并脱口而出。而被动往往缺乏一些要素，在准确性和关联度上有不确定性，影响解说员的解说。在解说中，与球迷交流的关键时刻或最佳时机稍纵即逝，后续补充所呈现的效果往往不尽如人意。因此，主动积累与项目有关的故事或信息，并在解说过程中及时传递给观众，更能拉近与观众的距离。当然，解说员的舞台如今已经不止是电视，在自媒体中，解说员有更大的发挥空间。

2015年2月9日，培养出很多NBA球星的美国北卡罗来纳大学名帅迪恩·史密斯去世，乔丹等名宿纷纷哀悼。解说员杨毅虽然正在解说比赛，但他还是第一时间发了一条微博，既表示自己的敬意，又希望年轻球迷对这位名帅留下深刻的记忆：

> 老帅执教前十年未尝一冠，备受质疑。他1982年携手乔丹为北卡带来第一冠。终场时欢声震天，助教罗伊·威廉姆斯哭着说："教练，现在再也没有人质疑你了。"老帅淡然说道："罗伊，不要去听那些，我并不觉得我是个比两小时前更好的教练。"

▲ 乔丹与迪恩·史密斯

在近60条回帖中，除一两条质疑该事件的真假，一两条询问博主为何解说时还在刷微博外，多数反馈都表达了对老帅的赞美和对杨毅的感谢。无独有偶，新浪的篮球评论员朱彦硕在10日凌晨发了这样一条微博：

> 熬夜看迪恩·史密斯的自传：1987年，有个叫波波维奇的学院教练在他的空军军官学校教练斯皮尔的建议下来到北卡看练球。波波维奇要求在这里跟队学艺一年，三个月后迪恩·史密斯建议波波维奇去堪萨斯看他的另一个弟子拉里·布朗怎么带队。堪萨斯拿了1988年NCAA冠军，然后波波维奇与布朗又到马刺队，从此改写了NBA的历史。

一位解说员，唯有发自内心地热爱他所解说的运动，才会对这些难得的细节如数家珍，才会把一些珍藏在心底的片段拿出来与人分享，共同体会其中的感动。

在我的记忆中，常常会浮现这样的画面：当又一场深夜转播结束，天色渐明，清凉的空气扑面而来，缓缓的环卫车从眼前驶过，经历激烈比赛后慢慢平静、放松下来的心情稍感踏实，脑海里已经在展望新的一天。

乐此不疲的精神

体育解说是解说员体现自我价值的职业选择,这个职业乐中有苦，苦乐相伴。

和节目主持人一样，解说员与很多默默无闻的电视幕后工作者相比，是个被聚焦的职业，有可能带来超过付出的声誉和回报。因此，解说员应该珍惜这个职业，通过自己解说水平的提高，获得观众的认可。

很多人从事这个职业是因为它让自己的爱好与职业统一起来了。每次解说都是对生活的一种享受，所有付出都是值得回味与骄傲的财富。

在中国，大多数解说员的工作都比较辛苦。他们长年累月在夜间工作，没有休息时间，有时候甚至连续多场解说，有的人还身兼其他节目主持人的角色，需要轮番作战。没有对解说职业的热爱与执着，他们是坚持不下去的。

2014年巴西世界杯期间，中央电视台解说员在个人社交媒体上秀出奔波于赛场之间连续作战的图片。可以看出，为了顺利完成转播任务，解说员几乎只能在紧张的旅途间隙休息。但从他们

▲ 刘建宏在2014年巴西世界杯期间的工作路线

流露出来的工作热情中也不难感受到，来回奔波和连续转播的辛苦恰恰是他们骄傲的注脚。

除了跟着赛事连续作战外，解说员还要细致耐心地应对案头工作。解说员杨毅曾经透露，每次准备一场球的解说资料都要花费至少一个半小时的时间。这还是一位经验丰富的解说员，实际上，很多解说员的准备时间要远远大于一个半小时。尽管最后呈现的可能只是几张纸片，但其中的每行小字都是解说中一段胸有成竹的评述起点。这一点，国内外皆无例外。比如，BBC电台足球评论员巴那斯的赛前功课，一笔一画写得用心良苦，让人心生敬佩。

解说员更多的辛苦体现在非正常上班时间的工作上，因为很多比赛都是在深更半夜或周末进行的。当球迷打开电视或是点击

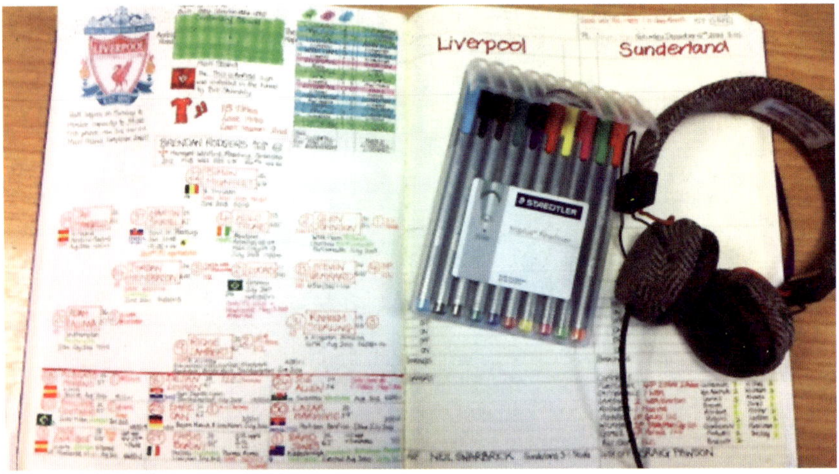

▲ 巴那斯的赛前准备笔记本

网络链接收看比赛时，并不了解那个熟悉的声音背后，包含了怎样的紧张、疲惫。很多解说员一年中的大部分周末时间都在工作中度过，他们几乎没有完整的节假日可以陪伴在家人、朋友身边。比如新浪解说员盛云飞在2014年春节的任务安排（见下页图所示）。

的确，几乎每个节假日都要和澳网、NBA、英超、西甲等赛事抢时间，这对每个爱家、爱生活的解说员来说都是难题。

2015年11月4日是欧冠比赛日，凌晨举行的皇马与巴黎圣日耳曼的比赛以皇马主场1比0获胜并提前出线结束。然而对中国球迷来说，当天最大的新闻却是在某网站担任这场比赛解说的知名解说员董路居然在转播中睡着了，而且因为发出鼾声遭到观众吐槽。同为比赛解说的搭档李欣尽管有意提高音量，也没有掩饰住董路的鼾声。听起来像个段子的事情真实地发生了，董路因此被

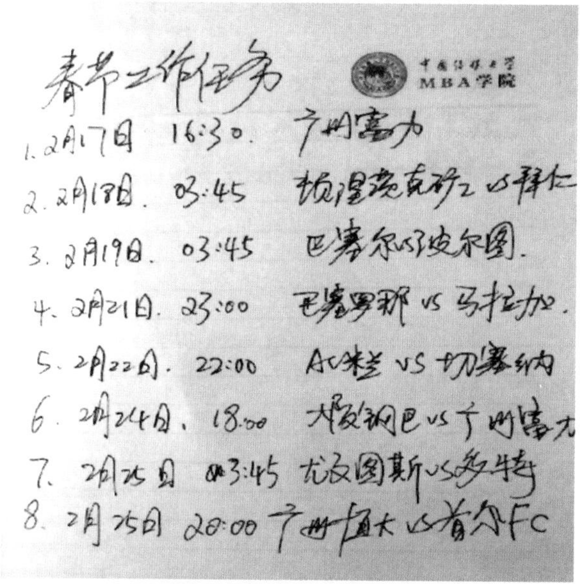

▲ 2014年春节期间盛云飞的解说工作

该网站停职，他自己也对球迷和同事表达了歉意。在微博上，董路这样说：

> 实话说，有点熬不住了，也许该休息了。不是不热爱，而是，老了……在我二十多年的职业解说生涯中，这是第一次，这是一个播出事故，是我的过错。在思想、身体和技术上都还没做好准备。就像足球比赛一样，准备不充分就可能出现错误。

诚实、坦然的董路说出了一名解说员的无奈。在很多解说员看来，这种情况很有可能发生在自己身上。凌晨3:45开始的比赛，对于任何一个在赛前没休息好的解说员来说都是不小的挑战。

所以，有时候解说确实是一项体力活。长期熬夜、长途奔波加上连续作战，这些对解说员的身体素质是很大的考验。解说员除了平时要加强锻炼，养成良好的生活习惯外，还要学会利用转播间隙调整和休息。比赛间隔较长的时候，闭目梳理一下思路或者干脆小睡一下，对接下来的解说会有很大的帮助。此外，出国转播的时差有时是大问题，一般时差反应在两天后会很明显，如果不能提前抵达赛地调整身体，就应该采取强制睡眠的方式让自己提前休息，避免兴奋期过后身体的低谷期正好和转播时间相遇。

尽管解说员的工作有诸多辛苦，但在我的记忆中，常常会浮现这样的画面：当又一场深夜转播结束，天色渐明，清凉的空气扑面而来，环卫车缓缓地从眼前驶过，经历激烈比赛后慢慢平静、放松下来的心情稍感踏实，脑海里已经在展望新的一天。这是每一个解说员都熟悉的感受：辛苦付出，享受工作，乐此不疲。

如果解说员的解说只是就比赛说比赛，语言乏味、想象苍白且情感无力，毫无美感、韵味与意境，这对一场长达几十分钟乃至几小时的比赛来说，该是多大的遗憾！

解说员的自我修养

周星驰在《喜剧之王》里扮演一个成天演尸体也要追求完美的小人物，在跑龙套穷困潦倒时，他十分严肃认真地说：“其实，我是一个演员！”

对应这句台词的，是电影中这位小人物捧在手心视若至宝的一本书——苏联戏剧大师斯坦尼斯拉夫斯基的著名的《演员的自我修养》。

▲《喜剧之王》剧照

据说，这本传世之作，斯坦尼斯拉夫斯基修改了三十多年。他到最后实在担心自己病情恶化才同意送到出版社，直到1938年去世时，看到的还只是样书。《演员的自我修养》确立了在国际上影响深远的斯坦尼斯拉夫斯基表演体系，这个影响其实不止于戏剧，还在更广泛的领域受到推崇甚至影响了人们的生活。

斯坦尼斯拉夫斯基经年累月创作的过程，也是作者提高自我修养的过程。

的确，提高自我修养着实不易，要吸收、思考、改变，还要像《喜剧之王》里的周星驰一样，坚守孤独，耐住寂寞。解说员也是一样。阅读优秀书籍，正是解说员加强自我修养的一个途径。读书破万卷，下笔如有神——一个人的语言表达何尝不是如此？良好的文学阅读积累必定会提升解说员“说”的水平，有助于增强解说员语言表达的感染力。比如，文学作品中的名言警句因闪烁的思想光芒而广为人知，解说时恰到好处地引用，能使观众对比赛的真正意义、对深刻的体育精神有更透彻的理解。2008年足球欧锦赛C组最后一轮，弗兰克·里贝里开场7分钟重伤下场，法国队0比2负于意大利队被淘汰。面对这样的失败，解说员贺炜说：

“人的一生中最光辉的一天，并非是功成名就那天，而是从悲叹与绝望中产生对人生的挑战、以勇敢迈向意志的那天。”我们也以这句福楼拜的名言，送别即将离去的法国队，希望法国队重拾勇气，重振辉煌！

借助法国文豪的名言，传递高于胜负的人生哲理，使观众对比赛的理解突破了之前专注于胜负的高度。这瞬间的引用创作，远远强于一般结束时的安慰式“引导”，体现了贺炜深厚的文学功底。即便不是临场即兴的发挥，而是事先准备，也堪称非常出色的解说。

我们从文学的角度再来看贺炜解说2010年南非世界杯英德大战的结束语：

> 我们想想吧，此时此刻，在柏林，在慕尼黑，在纽伦堡，在科隆大教堂，肯定有无数的德国球迷为之欢欣鼓舞；而在伦敦，在利物浦，在曼彻斯特，在泰晤士河边的小酒馆，也有无数的英格兰球迷为之黯然神伤。不过，让我的内心感到无比欣慰的是，在生命中如此有意义的时间节点，在今天晚上，能和电视机前的亿万球迷一起经历，共同分享，这是我的幸福，也是大家的幸福。我是贺炜，观众朋友们，再见！

多么酣畅淋漓的表达，在短短30秒左右的时间里，贺炜以跳跃的排比、强烈的对比配合朗诵般起伏跌宕的语流，形成跨越时空的感染力。这样的创作语言以其独特的文学气质长时间回荡在球迷的脑海中，难怪有球迷称贺炜为解说员队伍里的“诗人”。

一场比赛，因为有解说员传情达意的语言表达，变得更为精彩传神。如果解说员的解说只是就比赛说比赛，语言乏味、想象苍白且情感无力，毫无美感、韵味与意境，这对一场长达几十分钟乃至几个小时的比赛来说，该是多大的遗憾！如果一场转播看下来，观众双耳充斥的都是大白话、口水话，岂不该昏昏欲睡或者愤然离席？不是常有观众形容看比赛看睡着了吗？这不排除跟某些解说员“以其昏昏使人昏昏”有关。

体育解说有时候就像口头文学创作，能给观众带来听觉上的美感，同时传递的信息自然更加到位。解说员詹俊以情绪饱满、紧凑、流畅的语言风格在当今的解说员群体里自成一派，不妨来看看球迷们记下的詹俊“语录”：

烽火连四月，三分值千金。

维根队不愿再做强队提款机。

埃辛，又是埃辛。不是强队他不进球，刀下不斩无名之辈！

六脉神剑里埃拉今天算是打通了利物浦队的任督二脉，上半场让利物浦队是得势不得分啊！把对方的球门都“打烂”了，比分依然是零比零。

的确，汉语言文字有着独特的魅力，总有些恰如其分的比喻胜过千言万语，总有些小到不经意的措辞让解说员和观众感到仿佛心有灵犀。詹俊的解说里常有这些信手拈来之作，一语中的，令人莞尔一笑。对解说员来说，把握住这样的机会需要智慧，更需要文学修养的积淀。据《南方人物周刊》的介绍，詹俊独特的语言表达方式和他的深厚家学有很大关系。詹俊的祖父是著名词学大家、文学史家和书法艺术家，大伯是语言文学家，父亲则是通晓音律的工程师。詹俊从小所受的教导不仅是认真读书，更要研习书法，练就专注精神。工作后，詹俊更把足球解说当学问来做，所以他有今天的成就是顺理成章的事。而解说员贺炜成长于教育世家，在书店“泡大”的他从小就阅读了大量的书籍，历史类书籍是他的最爱。这就是为什么他的解说中常有精当的用典和精彩的修辞。

关于提高自我修养，解说员还可以从相关的体育人物传记中汲取养分。大多数体育传记会给解说员提供很多关于球队运作的细节和内幕，其中球员的个人生活可以让解说员对球员的场内外表现有更多理解。更难得的是，很多体育传记本身就是一部文学作品，其中或深刻、或质朴的思想，生动优美的文字，都可以丰富我们的解说。

乌拉圭著名足球运动员路易斯·苏亚雷斯的自传《越线》，不仅揭开了“咬人”的秘密，还让我们知道了一个穷苦少年如何被纯真的爱情引向事业的成功，理解了苏亚雷斯为何对巴塞罗那情有独钟而毅然选择离开利物浦。那些朴素、温暖的语言，让我们走进乌拉圭这位足球运动员的内心，深受感动。所有这些都可能在解说比赛时，转化为一个用词、一句感叹，帮助观众看懂比赛。

又比如，如果你认真看了NBA名帅菲尔·杰克逊的《公牛王朝》，出于对专业技术更加深刻和全面的了解，恐怕你就会知难而退，不会轻易尝试去解释菲尔·杰克逊版的三角进攻是一个什么样的战术了。不花笔墨不足以准确表达，而比赛的时间常常不适合这样去做。这样的情况在我们不断学习，向更专业的方向迈进时还可能多次碰到。知道深浅，知道哪些可说哪些不可说，也是一种进步。

▲ 路易斯·苏亚雷斯自传《越线》

解说员自我修养的提高是长期的过程，但对口头即兴创作而言，这种自我修养有时可能就体现为一个用词的准确性。2015年澳大利亚亚洲杯决赛，竭尽全力的韩国队始终不能对澳大利亚队构成真正的威胁，一旦进攻到对方禁区前沿，总是无法组织起有效的配合。在多次失误后，比分落后的韩国队只好尝试以乏力的远射来实施进攻。对韩国队最后的选择，解说比赛的徐阳和贺炜用“完成任务的射门”加以形容，准确表达了球员既要坚持战斗又力不从心的无奈心情，这句话配合电视画面里球员失望的面孔，准确传递了那种复杂的情绪。“完成任务”这四个字正好把解说员对场上比赛的领悟和感受与其背后的深意恰当地结合起来了。

解说员要提高对文学的感知力、领悟力，不仅要多读优秀的文学作品，还要有选择性地扩大读书范围，了解其他学科的优秀作品。除了文学之外，解说员还要对艺术、宗教、哲学、历史有所涉猎，在了解经典的基础上再有所深入。有时候，“有所涉猎”的知识会派上用场。

福建体育频道的解说员文国刚曾经在业余时间学习古典吉他。有一年转播西甲比赛，解说对象是来自西班牙安达鲁西亚区第三支征战西甲比赛的格拉纳达队。格拉纳达队自2011年升级以来一直都在为保级而战，当它出现在转播画面时，球迷和解说员对这个球队其实都不是非常了解。这时，吉他名曲《阿尔罕布拉宫的回忆》在文国刚的心中响起，他用这样的一段话拉近了球迷和球队之间的距离：

> 玩吉他的朋友都知道，有首吉他名曲叫《阿尔罕布拉宫的回忆》。号称西班牙故宫的阿尔罕布拉宫就坐落在格拉纳达东部的山坡上，古老王宫和为它创作的乐曲一样，辉煌而迷人，令人向往……

深夜，比赛结束后，文国刚接到球迷朋友的电话，这一次不是聊球，而是兴奋地说起音乐的话题。一首乐曲和它背后的一段历史，在这个时候成为观众对一支球队的美好遐想。不经意的音乐知识，为这次解说添加了别样的色彩。

解说员自我修养的提高，不能只满足于从书本上汲取营养，还要立足于社会实践。所谓读万卷书，行万里路，就是提倡知行合一。这对当今生活在网络虚拟空间的年轻人来说尤为重要。

2013年6月的《人民日报》曾经专门刊文反对“宅生活”，其中有关互联网带来自我“极化”的观点令人深思。文中指出，面对海量的网络信息，人们的视野并没有变得像想象中那么宽，“很多人只浏览相对固定的几个网站，只关注自己愿意关注的人，只订阅自己感兴趣的信息，只相信自己愿意相信的事实”，而网络运营商在采集数据后投其所好地推送进一步强化了人们的选择。人们被习惯、固有的知识限制，失去了本来应该具有的可能性和多样性。世界变小了，思想也“宅”在有限的空间里而不自知。这样一种缺乏公共空间、不接地气的生活慢慢导致人们“对现实生活感受力、思考力的钝化”。

显然，“宅生活”与解说员应该具有的敏锐、好学和热情的性格特点是背道而驰的。“宅生活”培养不出有活力的思想、开放的心灵、有创造力的个性。知行合一既是媒体对包括解说员在内的从业者的基本要求，也是媒体人提高自我修养的途径之一。解说员应利用各种机会，积极投身社会活动，参与社会实践。其中，文化之旅、体育圣地游览都是很好的出游模式。见识广博对提高解说员解读比赛的能力、领悟力常有事半功倍的效果。有这样的生活态度，解说员才有机会不断丰富自己的学识，提高自身修养。

语言技巧

在这样一个动态变化的过程中，解说员要懂规律，知道这是非一般的选择；要懂比赛心理，知道球员为什么这样选择；要懂背景，知道教练『不爽』的理由；还要懂战术，知道对手面临的难题是什么。从而引导观众紧跟比赛进程，找到看点。这就是『懂』，不仅懂规则，还要深入比赛和球员的心。

“懂”体育和“会”说话

在电视体育部门工作20多年，不止一次有人问我，如何才能成为一名体育解说员？我的回答是“懂”体育“会”说话。有的人说这太简单了。是啊，说话谁不会呢？现在人们见面，不会聊几句世界杯和NBA都不好意思吧，奥运会更是个全民话题。

问题在于对“懂”和“会”的理解。

体育的“懂”，不仅是对某个体育项目规则的了然于胸，还要对技战术、对参与各方的诉求充分理解，进而形成对该项目乃至整个竞技体育基本规律的认识。这要求解说员在体育专业深度和体育行业广度上都具备必要的知识，尽可能增加对运动技术、运动生理、运动损伤防护、竞技心理、竞赛机制甚至业界动态的了解。事实上，体育科学在发展中已经形成数十门分支学科，解说员需要有意识地学习，持之以恒地增强对体育运动的理解和认知。

竞技体育的魅力很大一部分来自观众因无法预判比赛结果而形成的期待感。大到一项赛事的整体走向或一支队伍的比赛成绩，小到一个临场战术变化或一个运动员的瞬间选择。因此，对体育的“懂”就和解说的创作过程一样，永远是动态的，是一个随着比赛变化而不断变化的解读过程。

下面试用一个与运动心理相关的例子来进行解读。

在篮球比赛中，快攻技术是趁对方没有及时布防而迅速得分的常规手段。无论是发球快攻还是抢断快攻，通常都由最突前的队员接球后直接跑到篮下，在最近距离投篮得分来完成。

2007—2008赛季NBA的一场季后赛中，比分胶着之际，马刺队获得快速反击机会，但马刺队后卫吉诺比利没有选择快攻到篮下，而是急停在三分线外，在无人防守下投中一个三分球。这个选择看上去比篮下快攻得分更难，命中率更低，一旦不中还可能失去球权陷入被动，但是吉诺比利却打破常规大胆出手。（解读一：很显然，这样的选择体现了吉诺比利对局势的迅速判断，对自己能力的自信以及希望主导局势发展而放手一搏的决心。）球虽然进了，但我们却通过电视转播镜头看到，这个冒险的抉择让场边的老帅波波维奇恼怒不已。（解读二：恼怒的原因在于团队

▲ 波波维奇批评吉诺比利

纪律一直是马刺队获胜的基础，是高于胜败的建队哲学，吉诺比利在场上违反了一般的战术规律，在马刺队是少见的，也是老帅不希望看到的。）结果，此球一进，对手被迫作出打法调整，必须在打三分还是两分进攻里选择，而时间又是那么紧迫。（解读三：打两分要考虑到马刺队将获得一次球权，控球时间很难把握。）在这种心态的影响下，对方最后果然两分不进，马刺队拿下球权后迅速锁定胜局。这时就显示出了吉诺比利那个快攻中冒险投中的三分球的价值。（解读四：吉诺比利的球风是典型的阿根廷风格，坚韧无畏，很多不可能完成的任务都被他以疯狂的方式完成，波波维奇对他的爱将每次都要大吼“你疯了吗？”这一次，马刺队以这种方式取胜，显然是球员而不是教练的选择。）

在这样一个动态变化的过程中，解说员要懂规律，知道这是非一般的选择；要懂比赛心理，知道球员为什么这样选择；要懂背景，知道教练“不爽”的理由；还要懂战术，知道对手面临的难题是什么。从而引导观众紧跟比赛进程，找到看点。这就是“懂”，不仅懂规则，更要深入比赛和球员的心。

自己“懂”了还不够，还要让别人也明白，这就要求会“说”。会说和不会说，差别甚大。什么时候该说？什么时候不该说？怎么说？都是摆在解说员面前最常见的问题。什么时候该说呢？解说员认为观众不知道、不理解或者没有意识到的时候就该说，需要交代、分析并给出观点，这是最基本的判断标准。

再来看2014年巴西世界杯小组赛科特迪瓦队对日本队的一场比赛。日本队是讲究防守纪律的球队，在保持阵型方面始终做得很好。在这场比赛中，日本队在一比零领先的情况下，用严密的防守使科特迪瓦队无从突破。为了改变局势，科特迪瓦队在下半场第62分钟时换上雪藏的前锋德罗巴，但是德罗巴没有出现在习惯的中锋位置上，而是站在中场靠前的位置担任前腰。这个变化体现出科特迪瓦队教练的临场智慧，打破了日本队针对德罗巴上场比赛的防守布置，对日本队的防守队员是个很大的考验。他们不得不面临防守位置调整还是不调整，中场回撤队员针对德罗巴跟到多深，两侧协防队员要收到什么距离合适等一系列问题，而且这些问题都只能在比赛中依靠队友的互相商量和主教练扎切罗尼的临场大声布置来解决。而一旦日本队的快速调整没有到位，防守犹豫不决，就会造成防守位置出现漏洞，被科特迪瓦队抓住机会。果不其然，在德罗巴上场两分钟内，科特迪瓦队连进两球，实现反超并最终取胜。

这个过程表现在场面上，是科特迪瓦队通过换人找到了日本队的防守漏洞，并及时把握住进球机会。而对多数观众来说，他

▲ 科特迪瓦特队连进两球

们不容易看出科特迪瓦队教练在用人上一反常规的智慧，同时也不容易察觉到日本队防守队员心理上的犹豫不决导致的防守位置出现漏洞，进而不容易意识到这个变化源自两分钟前的换人。这个时候解说员就应该点明此处关键所在，而非局限于陈述场上发生的情况。用合理的内在逻辑链条帮助观众把画面信息串联起来，这样的“说”就是为观众欣赏比赛、理解比赛所做的最好服务，这就是把握住了该说的时机和该说的内容。

说，整体而言应该是及时、准确、简洁的。及时是时间选择问题，说的时候既能不影响观赛，又要切合比赛内容和球迷需求。解说时机太迟，要么观众已经忘了前面比赛的画面细节，要么解说内容随着比赛的发展、变化已经失去意义。准确主要指的是对事实的描述不可有偏差。时间点、技战术、姓名等信息，一旦出现错误就会影响观众对比赛的理解。简洁是基本原则，多数情况下解说员说明白就够了，否则就是画蛇添足，会影响观众对比赛进程的欣赏，降低解说整体质量。

除此之外，解说员还会面临不该说的问题。什么时候不该说呢？一般来说，画面已经目不暇接、现场已经一目了然，解说员不妨让自己消失在球迷的声浪里，一起和观众用心去感受比赛。总之，人们关注一场比赛的原因各不相同，从情感上看，有的人图个热闹，有的人掏心掏肺；从专业性上看，有的人欣赏是走马观花，有的人对比赛的理解相当精深。在一场比赛里，解说员想服务好每个人是不可能的，但获得多数人的认可应该是解说员追求的目标。

所以，要做到这一点，解说员既要“懂”体育，还要“会”说话。

比赛节奏之重要，不仅关乎胜利，也关乎对完美的信仰。即便胜利依旧，球迷、拥趸已经不再接受无法流畅传递的巴萨和不能『快枪连发』的奥沙利文。因为他们知道只有拥有完美节奏的比赛，才能获得最高级别的观赛感受。

把握比赛节奏

比赛节奏是什么？它有多重要？

节奏是事物发展变化的本原，是艺术美的灵魂。对一场体育比赛来说，节奏有时代表着参与者对比赛的理解与控制。把握了比赛节奏，就意味着让比赛以适合自己或遏制对手的方式来进行。有时，节奏也不为任何一方所主导，而是在对抗中自然呈现的。总体而言，运动场上的节奏既有规律可循，又常富于变化，使比赛在理性与激情间游走，展现了运动之美。

形容比赛节奏的词语，比如行云流水、风卷残云、水银泻地、酣畅淋漓或者捉襟见肘、磕磕绊绊、拖泥带水甚至前场高射炮，后场摆大巴等各种形象的描绘，表达着因比赛节奏不同带来的不一样的观赛感受。对比赛节奏的欣赏是高级别体育爱好者的"专利"，他们往往可以超脱胜负，把对体育比赛的欣赏提高到艺术审美的角度，获得更高层次的精神享受。

所以，比赛的精彩程度与比赛的重要程度并没有必然关联。精彩的比赛往往既能展示高竞技水平，又给人以舒畅的观赛感受。比如巅峰状态时的乔丹、邓亚萍、奥沙利文、皮尔洛、费德勒等人的比赛，带有鲜明的个人色彩，充满了运动节律和艺术美感；比如瓜迪奥拉时期的西甲巴萨，吉诺比利、帕克、邓肯都健康时的NBA马刺队，这些强队的许多比赛已经触及人类体智与心智集体创作的完美境界。只要是体育爱好者，每个人心里都珍藏着几场难忘的“完美比赛”。因为完美比赛的节奏，无论是行云流水还是峰回路转，都能把你带入忘我的境界。

比赛节奏之重要，不仅关乎胜利，也关乎对完美的信仰。即便胜利依旧，球迷、拥趸已经不再接受无法流畅传递的巴萨和不能“快枪连发”的奥沙利文。因为他们知道，只有拥有完美节奏的比赛，才能获得最高级别的观赛感受。

那么，解说时把握比赛节奏又是怎么一回事呢？

在比赛的转播过程中，解说员除了为观众提供基本的播报服务外，大部分解说的目的都是使观众更好地理解和享受比赛。因此，解说员必须设身处地地为观众考虑，揣摩他们观看比赛的实时感受以及他们对比赛的心理预期。解说员只有专注于比赛内容，融入情感，紧跟比赛的动态变化进程，才能和观众一起感受到节奏的律动，感受到体育比赛的魅力。

把握好比赛节奏进行解说，需要做到以下三点：

首先，对比赛的节奏作出正确判断。比赛的节奏具体体现在一场比赛中：从时间段来看，在某个阶段是快速多变，在某个阶段是沉稳舒缓；从运动项目本身的特点来看，有时是攻防转换速度的快与慢，有时是技术套路的简单与复杂；从技战术部署的角度来看，有时是追求华丽的繁复配合，有时是简捷实用的“一箭穿心”，有时是寻求控制的耐心调整，有时是为扭转局面的“孤注一掷”。比赛正在呈现或将会出现何种节奏，解说员必须凭借经验和现场状况作出清晰的判断，从而形成一场赛事解说独有的节奏感。

其次，把握好说话的时机。不同的比赛项目、不同的比赛内涵、不同的技术特点，在控制与反控制中可以创造出各种变化。当比赛精彩连连、火花四溅时，解说员只需要用一两句话点出关键或放大细节。这是对欣赏比赛、强化观众感受的补充，点到为止。当比赛进入单一节奏，观众的注意力也不再一直紧追画面细节的时候，解说员可以依据产生此种局面的原因给予点评，与观众在对比赛进程的理解上进行沟通，说明“为什么会这样”。如果时间富余，解说员则可适时探讨在技战术层面改变局势的策略，这在心理上也符合观众的需要。总之，只有与观众共同感受比赛、欣赏比赛，才能明白观众需要什么，才能在解说时有的放矢。

最后，还要具备符合比赛节奏的表达方式。高水平的排球比赛、职业篮球比赛、职业冰球比赛等具有转换快、变化多、局间紧凑的节奏特点，一场比赛里往往有多次高潮，观众的情绪在亢奋与紧张的状态中起伏。这种比赛的解说整体而言应该情绪饱满，语速快，理性中饱含激情。而台球、射箭、马术、举重等项目的解说应该沉稳内敛、张力十足，在舒缓的节奏中寻找最后的爆发。解说这些项目时，应该放缓声调，在理性中体现控制，娓娓道来。当然，很多项目在一场比赛里会呈现出不同的节奏，这就需要解说员审时度势，因势而动。如果解说员平时具备一定的艺术修养，比如对不同节奏风格的音乐有感性认识，也有助于比赛解说的节奏把握。

充分的表达欲，即对所见所闻勤于思考，善于主动把自己的观点及时传递出去，与人分享、与人交流、任人评说。这种积极、开放、包容的思想和行为特性，应该被当作体育解说的行业气质。

表达的欲望

人们常用“祖师爷赏饭吃”形容一个人天资出众，天生就是做某事的料，如靠长相的行当颜值高，靠声音的行当嗓子好。那解说员的行当如果也有个祖师爷，该给个啥手段呢？恐怕就是有充分的表达欲，天生爱说话了。充分的表达欲，即对所见所闻勤于思考，善于主动把自己的观点及时传递出去，与人分享、与人交流、任人评说。这种积极、开放、包容的思想和行为特性，应该被当作体育解说的行业气质。

一个有表达欲并且善于表达的人，一定是勤于思索并且乐于交流的人。在我们的传统教育中，谨言慎行、敏于思而讷于言是主流，由此养成的习惯是无论说什么都要小心谨慎，以免被贴上自以为是或者油嘴滑舌的“不成熟”标签。长此以往，人们缺乏人际交流中的碰撞，从思想到表达都出现模式化甚至僵化的问题。事实上，表达是人的基本欲望，是个性突出、有生命力的表现。这也正是这些年来学校都在反思如何活跃课堂气氛，释放学习者的表达欲，让对话交流成为课堂常态，真正激发年轻一代创造力的原因。

在移动互联时代，每个人都有释放自己表达欲望的途径。可以说移动互联时代就是个性表达的时代。而解说员，正是最为活跃的表达者之一。表达欲强的人，爱思考，乐于分享生活感受，乐于参与话题讨论。不管是面对面的交流，还是在新媒体平台上的互动交流，都可以丰富解说员的思维方式和表达技巧，给赛事解说带来帮助。

人的表达欲是天生的，解说员可以经过“快”与“宽”两个方面的训练来强化这种特质，提升业务水平。从“快”的方面来说，解说员面对稍纵即逝的比赛内容，要迅速将已有知识和即时信息串联起来，形成观点，提高反应能力和速度；从“宽”的方面来说，解说员在生活中要注意积累各种知识和话题，在比赛中要看到高于比赛的内涵，从而对比赛有更宽广的解读。

我们来看看表达交流是如何帮助解说员的。

众所周知，瓜迪奥拉带领下的巴萨以传控结合、高位逼抢的技战术几乎横扫欧洲足坛，其他球队很难找到有效的办法与之抗衡。尽管穆里尼奥执教的皇马同样明星云集，在2011—2012赛季与巴萨从国内赛场到欧冠赛场的竞争也都十分激烈，但是几乎所有人都认为巴萨是更有可能获胜的一方。该如何遏制巴萨呢？不仅是与巴萨比赛的球队在思考，所有球迷也都在用人、战术等方面各抒己见。解说员如果在平时多与人交流，就会了解到更多思路和策略，甚至会听到一些“非常规”的比赛手段。比如，有意挑衅对方重点球员，不惜使双方减员来瓦解巴萨的战术体系，利用裁判在大赛中慎重出牌的心理刻意大范围使用粗野的防守动作，等等。

实际上，这些情况在赛场上都出现过。在该赛季的西班牙国王杯决赛中，皇马这支以高贵足球典范自居的球队为了赢球，也不惜采用“非常规”的有意犯规和挑衅等手段来争取比赛的更大控制权。当解说员面对这些场上的意外情况时，由于已经在平时的交流中谈到过、设想过甚至争论过，就可以及时指出一些冲突或者对抗背后的用意，让观众能够更快地从球队整体竞争的角度去看待这些局部的冲突或者变化，更合理地解读比赛。同时，由于已经有过交流和思考，解说员在面对这些情况时就可以不必多加考虑，直接选择那些更准确或是更有趣的措辞，比如把有意的冲撞犯规形容为我们生活里常讲的“碰瓷儿”，这就是前文所说的“快”。

同样一件事，同样一场比赛，由于背景知识不同、兴趣爱好各异，不同的人有不同的观赛体验。与不同的人多交流，解说员不仅能得到不同的知识和不同的视角，还能激发自己的想法，把原先没有留意、没有联系起来的比赛细节甚至比赛之外的故事重新组合，丰富对比赛的理解。这些因交流而得来的收获都可以运用到解说实践中去，这就是前文所说的“宽”。

在解说中遇到有关门线技术、鹰眼技术等裁判辅助技术的问题，解说员如果探讨过人工智能约战围棋天才李世石的话题，就可以稍微在知识面上进行延展，介绍下人工智能技术与体育项目的应用试验，让观众在观赛之余了解一下前沿科技对体育的影响以及可能给生活带来的变化。这样的知识传递对观众来说不失为一种很好的观赛体验。

当然，能聊爱侃固然有诸多好处，但必定也会有天马行空的弊端。一丝不苟和刨根问底的精神会让你的每次交流都有扎扎实实的收获。毕竟，获得翔实的数据、确凿的事实、准确的知识在与人的交流中更为重要。

詹俊这段解说的内在思考和外在表达是在瞬间完成的。他的内在思考包括观察、比较、分析、综合、推理和判断等一系列逻辑思维活动，外在表达则加入辅助信息组接起完整的逻辑链条，从而形成自己明确的观点。

逻辑思维能力的培养

体育解说就是把看到的现象与既有的知识、信息进行归纳、分析和比较后，发现比赛的本质与规律，形成清晰的观点，再表达给观众的过程。

尽管解说是在很短的时间内完成的，但与灵机一动的智慧闪现不同，解说员必须进行缜密、合理的推理才可得出观点并构成完整的解说逻辑。这里面包含两个非常重要的步骤：一是对知识和现象的整合，二是整合后的表达。整合与表达是解说员逻辑思维能力的重要体现。整合能力有助于解说员解读比赛，表达能力则直接决定了其解说比赛的质量。

什么是整合？它是对比赛现象和储备知识与动态信息的关系的合理推论的过程。职业解说员总是能够发现这三者之间的合理关联，并由此得到分析问题的思路进而形成观点。由于知识储备的不同、关注方向的不同，对同样的比赛现象，不同的解说员会整合出不同的解说方案。

2014—2015赛季的英超比赛中，利物浦队在第25轮迎战热刺队。当马尔科维奇在比赛中打进利物浦的首球后，在新浪体育担任解说的詹俊马上敏锐地指出，草皮的不平整影响了热刺队门将的判断。果然，几分钟后，慢镜头回放了门将洛里斯挥手抱怨草皮的细节，印证了他的判断。这时，詹俊不失时机地透露安菲尔德球场已经准备在下赛季更换草皮的信息以及利物浦队主帅也对主场草皮质量表示不满的消息，非常巧妙地把信息和赛况结合起来。同一时刻，在乐视体育解说这场比赛的徐阳则在进球后的第一时间把关注点放在场上队员身上，从足球技术的角度来帮助观众理解比赛。他指出，热刺队丢球的主要原因是后卫选位慢，没有及时贴住马尔科维奇，给他留下了足够的射门空间。

这两位解说员的思路迥异，但他们的解说却都是相当合理且精彩的。我们不妨对他们的整合思路作进一步的梳理。

詹俊在看到进球的一瞬间，关注的是球的运动。他从球在地

▲ 2014—2015赛季的英超比赛中马尔科维奇进球

面轻微弹起的运动轨迹，从洛里斯扑球的位置和速度，推断出如果球的运动轨迹没有意外变化，洛里斯是可以扑到足球的结论，进而证明是场地不平整影响了洛里斯的判断。随后，他根据慢镜头回放的内容及时提供了两则有关场地的消息作为补充，说明场地不平整是客观存在的。在此基础上，他整合判断出这个进球是意外的，也是合理的。詹俊这段解说的内在思考和外在表达是在瞬间完成的。他的内在思考包括观察、比较、分析、综合、推理和判断等一系列逻辑思维活动，外在表达则加入辅助信息组接起完整的逻辑链条，从而形成自己明确的观点。

徐阳作为前职业足球运动员，在进球的一瞬间，更关注与球员相关的比赛内容，尤其是球员之间的位置关系。他根据后卫与马尔科维奇之间的距离、这两个人连续移动时位置的变化、马尔科维奇起脚射门时的速度以及后卫封堵的角度，分析得出如果后卫在马尔科维奇起步向前带球的第一时间能够选择更贴近对手的线路跑动，就完全可以在对方起脚射门的瞬间完成对射门角度的封堵的结论。如此一来，足球就不会飞向威胁球门的方向，进球就不会发生。所以他判断，后卫防守位置选择错误是造成进球的主要原因。徐阳的思考同样包括了观察、比较、分析和推理等一系列逻辑思维活动，表达观点时结合慢镜头回放的画面，使观众更好地理解。这就是两位解说员解说比赛时，从不同的角度出发，运用逻辑思维能力对为这场比赛准备的解说资料、项目知识和赛况进行整合的具体体现。

解说员的整合能力越强，就越能提供丰富到位的信息帮助观众理解和分析比赛。如果整合能力欠缺，就难免出现力不从心的情况。比如，在实践中我们看到，有些解说员为了一场比赛的解说，收集、打印了厚厚一叠文字材料备用，临到解说时，却手忙脚乱、口不择言，解说结束了还后悔很多资料没能用上，解说得不够精彩。还有些解说员本身是体育项目的爱好者，相关项目知识和动态信息早已熟记于心，但解说时总觉得有话说不出，留下不少遗憾。

解说员如何提高自身整合能力？这需要解决两个问题，即知识质量不过关的问题和逻辑思维方法不对头的问题。

知识质量不过关是指解说员头脑中储存的知识或信息质量不高，与解说项目相关的知识和信息或是不系统、不全面的，或是没能好好理解的。在这种情况下，解说员进行解说时就会出现储备的知识、动态的信息与比赛之间无法形成内在的联系，或者联系不紧密造成逻辑链条薄弱，甚至根本无力整合的情况。

比如，美式橄榄球超级碗决赛是北美最受关注的体育盛事之一，每年比赛的门票价格都会被炒得非常高，这也是橄榄球迷很关注的一个话题。2016年第50届橄榄球超级碗决赛在旧金山的李维斯体育场举行，在决赛前两天，连最便宜的普通门票价格也超过了8,000美元。对此，解说员如果只说门票又涨出新高，但对为何如此却没有答案，不免留了一点遗憾。如果解说员的知识储备丰富，对体育之外的美国社会有更多了解，也许就可为观众作出解释。旧金山的李维斯体育场位于著名的硅谷中心圣塔克拉拉市，这里大量的科技创新企业聚集了数量庞大的高收入群体，再加上附近的洛杉矶好莱坞名流对这么近距离的超级碗比赛兴趣十足，自然促使了门票价格的飙升。解说员如果进一步整合信息，还可以把超级碗秀已经上升为美国娱乐界大事件的事实向观众进行介绍。2016年，欧美顶级乐队酷玩乐队（Coldplay)和著名歌手嘎嘎小姐(Lady Gaga)加盟超级碗秀，客观上更激发了观众和球迷到场观战的欲望。如果解说员只知道比赛场地，而对硅谷，对演出的乐队、歌星没有一定的了解，就很难把相关知识整合到比赛门票价格高这个焦点话题上来。

要解决知识质量不过关的问题，首先，解说员要从项目知识

▲ 2016年第50届橄榄球超级碗决赛

▲ 超级碗秀表演场面壮观

的系统化梳理着手，归纳总结、条分缕析，理清项目知识的系统框架和内在关联。其次，解说员应强化思考与理解，既要提纲挈领，又要追根究底，专注地分析和吃透需要掌握的知识和信息，进而在解说中应用、体会。当然，知识的储备是个日积月累的过程。事件和时间、故事和情感在解说员的脑海里不断累积、沉淀，蕴藏其中的意味伴随着解说员个性的成熟、阅历的增加会不时催生新的感悟，它们会改变、丰富解说员整合知识的方式。

知识质量过了关，解说员在看比赛时，自然能把所掌握的知识与比赛内容关联起来，帮助自己解读比赛。当解说员对一场比赛的背景有深入的了解，对比赛项目的规律有清晰的认识，对参与其中的人的精神有充分的领悟，对围绕比赛的纷繁信息有恰当的甄选后，就可以在解说动态过程中对影响比赛发展的因素进行正确的判断。解说员要做的，就是把自己的观点表达出来。在必要的情况下，甚至也要把得出的过程展示给观众。这个过程就是解说员逻辑思维的过程。

对解说员而言，除了利用大量的解说实践进行练习之外，有意识地运用一些规律性的思考方法，比如常见的分类、比较、设定、综合、归纳、演绎等皆能提高自己的逻辑思维能力。

比如，在足球比赛的半场、篮球比赛每节结束后的间隙、排球比赛的局间休息或是暂停空隙，解说员可以对比赛做阶段性总结，对比赛队伍或者球员个人的表现加以点评。运用分类，通过进攻数据和防守数据来说明攻防效率，通过篮板球次数与失误次数来说明得失分的原因；运用比较，对比比赛双方的控球时间、快攻次数、拦网得分等来解释造成比赛局势的原因；运用设定，推想人员与战术的调整方案；综合印象与观感，评价双方整体表现；归纳各队此前比赛的表现来总结本场比赛的发挥，预测对此后比赛进程产生的影响，结合数据进行分析，使观众对比赛有清晰、准确的认识。

2016赛季亚冠联赛小组赛首轮，广州恒大队客场对阵韩国浦项制铁队，双方上半场打成零比零。半场结束时，新浪解说嘉宾、前职业足球运动员谢朝阳对恒大队没能像预期那样迅速打开局面作出分析。首先，他根据比赛情况归纳了恒大队进攻不利的原因：浦项制铁队的“442”防守阵型对中场的保护，使恒大队数次进攻时前场队员只能背身拿球，难以快速推进配合；其次，他设定，如果恒大队在定位球上多做些文章，就可以利用浦项制铁队防守定位球素养一般、盯人不紧的弱点，制造进球机会。这就是利用归纳和设定等逻辑方法进行赛事分析的解说实例，是解说员常用的方法。

除有意识地运用规律性的思考方法外，提高逻辑思维能力的另一方法是提高语言表达能力。

从表面上看，语言表达能力和逻辑思维能力的关系并不密切。但事实恰好相反，所有的智力活动都需要借助语言来记忆、思维和想象，语言直接影响知识的储存和传播，关系到思想的交流和思考的进行。可以说，语言和思维紧密相关。提高语言表达能力必定有助于增强逻辑思维能力，反过来，有什么样的逻辑思维能力就会体现出什么样的语言表达水平。

在体育解说这样的即时创作中，逻辑思维和语言表达是相辅相成的。因此，解说员要有效提高逻辑思维能力，加强语言表达能力的训练。进行学院派播音主持表达技巧的训练是一种渠道，向其他类别的语言工作者，如一些教育机构、窗口服务行业、企业公共关系部门从业者学习是另一种渠道。这些机构为提高从业者交流表达能力以满足职业需求，各自形成一套有针对性的培训体系。解说员可以多做横向借鉴，而不是完全依靠学院派表达技巧的训练方法。因为解说员可能不是播音主持专业出身，对播音主持专业教材的理解和把握未必准确，而这些专业教材传授的方法虽然在理论基础上是共通的，但体育解说比较特殊，它的动态创作与一般意义的播音主持工作存在不小的差异，因而对语言创作背后的逻辑思维能力要求也有很大的不同。

解说员的语言表达接近于节目主持人的脱稿创作和脱口秀主持人的即兴发挥。所以，解说员进行语言表达能力训练时，可以借鉴主持人脱稿能力训练的方法。在这里，推荐一个我个人总结的“四分钟复合训练法”。这个复合训练法分为描述训练、复述训练、扩充训练、评论训练四方面的内容，可以按次序分阶段进行。比如，以一年为期，前半年完成整个训练过程，后半年对自己的表达能力进行评估，并根据存在的问题采取有针对性的复训，最终达到水平的全面提高。

描述训练是针对一件事如何发生、一个情景如何呈现进行完整的一分钟介绍。它训练的是人的观察力和基本的判断力。训练时尽量一口气把话说完，不要因思考而停顿，描述时做到事件线索不中断、场景要素不缺失。训练可以安排在自己身处的任何事件或场景中，比如在食堂吃饭时，对食堂现实场景进行描述；出行时被某个交通事故堵在路上，对目睹的情景进行描述等。与站在楼顶或路边数汽车的训练方法不同，描述训练除要求细致观察以外，还要求加入分析和判断，每次训练都是一次完整、独立的表达。解说员训练时所在的现场发生的任何事情都是即时的、不可逆的，这与解说比赛进程的发展状态基本一致，唯一的区别在于训练时没有实时传播的压力。

复述训练是凭借记忆对经历过的事件、有意思的场景进行完整的一分钟介绍，训练的是信息储存和处理能力以及建立信息之间内在关系的能力。训练时，复述事件要有完整的逻辑次序，场景的每个细节都要与主题有关，可以想好再复述，语言尽量连贯。比如，选择的事件是一次谈话，那么为什么发起谈话、谈话的主要内容是什么、先谈了什么后谈了什么就是复述的主体；如果选择的场景是一次快乐的邂逅，那愉悦的情绪、对方开心的表现、双方表达亲近的细节就是复述的主体。就像生活是不可复制的一样，多数的比赛瞬间不会凭借画面回放让解说员重新观察、思考。解说员要有强大的信息储存和处理能力。事件和场景中包含的细节都是互相关联的。复述训练就是要加强解说员对画面与场景的“回放”能力，提高对信息内在联系的敏感度，帮助记忆有逻辑关系的细节，也帮助建立表达逻辑。

描述训练和复述训练可以安排在同一阶段进行。描述训练是最基础的方法，强调即时性创作；复述训练的时间压力相对较小，但考验的是信息重置能力与信息逻辑关系的处理能力，相对更难。

扩充训练和评论训练则是在描述训练与复述训练基础上进行的提高训练。

扩充训练是指在描述或复述事件、场景之后马上增加一分钟时间来进行内容拓展。扩充时要在描述或复述的基础上，加入与事件或场景主题有关的自己“还知道”的信息。这类信息可以是故事或数据等，与事件、场景的关联性越强越好。扩充训练能帮助解说员在解说比赛时及时、准确地联想和调用资料，养成发散思维的习惯。

2016年2月27日，在NBA常规赛勇士队客场对阵魔术队的比赛中，库里三分球15投10中，全场拿下51分7篮板8助攻，率领勇士队客场取胜。同时，他超越科沃尔，连续128场命中三分球，成为NBA历史上连续三分球命中场次纪录的保持者。面对这样的时刻，所有观看比赛的球迷都大呼过瘾，而负责解说的电视和网络媒体的解说员也都赞叹不已。几乎所有的解说员都用到了“神奇”和“创造历史”这两个词来描述库里在这场比赛中的表现。

那为什么是神奇的表现？创造了怎样的历史？这就需要解说员及时补充资料，展开横向和纵向的比较，发挥扩充的作用，否则，单纯以数字来说明库里的纪录不足以配合当时的氛围。横向比较方面，如亚特兰大老鹰队的科沃尔与库里持球创造机会自己投篮不同，他是定点跳投类型的典范。纵向比较方面，如用米勒、麦迪这些创造不朽历史瞬间的射手与库里进行比较，使自己对库里的定位和评价更准确，也更有说服力。这些例子对观众享受当下、增加谈资都非常有效，这样的扩充也使解说变得更加丰满。

评论训练则是在扩充训练的基础上，再增加一分钟时间，专门评论事件、场景或者表达当下的感受。评论应该以描述、复述和扩充中提到的事实或信息为论据，进行简洁、明确的表述。这个训练旨在强化解说员的评论意识，使其主动对事件进行归纳总结，从而建立和加强解说逻辑。

扩充训练和评论训练同样要求表达完整、连贯。

通过以上针对性训练，解说员的表达能力可以在短时间内得到提高。在工作中，我曾经为了提高所在频道的体育解说员、主持人适应节目的能力，专门对他们做过类似的培训。实践证明，“四分钟复合训练法”的效果还是不错的。

知识整合能力和语言表达能力的共同提高，意味着解说员逻辑思维能力得到加强。解说员可以在动态创作过程中更加自信、恰当和完整地表达观点，从容应对比赛中出现的各种意外情况，表现出较强的临场应变能力，为以后更好地进行解说打下语言基础。

这个时候，解说员如果没有足够的预判，应该主动控制解说节奏和间隔，给自己留出思考的时间，迅速整理思路，发现关键点并提供给观众。这个时候的留白，是自觉的不说，是解说员在高强度创作中仍然具备清醒判断力的表现。

不说的艺术

解说，在规律中发现变化，在平静中看出波澜，在力量与技巧的展示中探寻美感。解说员的临场创作和比赛一起组成一个值得欣赏、可供回味的作品。

解说是一门语言艺术，是语言创作的一个重要类别。就像绘画中有留白一样，语言艺术也需要留白，而解说中的留白是个重要的技巧。只有当解说员积累了充分的解说经验，可以对一场比赛的解说形成整体的驾驭后，才会发现留白的奥秘。

解说中的留白可以称作不说的艺术。

只不过解说中的留白并非出于艺术呈现的需要，而是和一场比赛的变化紧密相连。为什么要留白？为什么此处留白彼处不留白？留白的尺度应该如何来把握？

我的建议是：

第一，专业“深水区”，不以专家自居。

若非体育专业出身，解说员永远不应该以专家自居。在专业领域，永远是一山更比一山高。很多专业问题所涉及的知识不是一个人可以研究透彻的，小到一个伤病对运动能力的影响，大到一种训练模式对比赛成绩的提高，都是专家团队在多年实践基础上逐渐摸索出来的规律。所以，解说员对一种现象背后的专业问题，要有“如履薄冰”的谨慎态度，不了解的不要轻易谈论，必须解释的时候要学会点到为止，罗列出多种可能情况以供探讨，不妄下结论。

说得少一点无伤大雅，涉及专业领域的争论尚可，但因不懂专业闹出笑话却是对转播质量的损害，是不可取的。

第二，事关敏感，不惹争端。

重大比赛的影响往往会超出体育领域，与政治、经济、民族文化、宗教情感联系在一起。因此，转播的基本原则之一就是敏感的话题，要谨言慎语，不该说的不说，不惹争议。

体育比赛之所以广受关注，很大一部分原因就在于其附着人们的情感。有人因欣赏C罗而爱上皇马，有人因喜欢湖人队而支持美国，有人对自己祖国的球队怒其不争却不容外人评说，有人因历史纷争把赢得比赛等同于维护民族荣誉。体育迷中甚至不乏极端心理和过激行为的少数个体，这些都是体育解说员必须特别关注的。

尽管比赛的组织者会主动避免与体育无关的极端群体对比赛产生影响，但在特定的情境之下，普通观众也容易被激发出偏颇甚至是极端的观赛心理。解说员对这种心理进行盲目评价和引导往往会引来过激的反应。

2004年足球亚洲杯决赛在中日两队间展开，裁判漏判日本队一个手球入球，最终日本队取胜。这场焦点之战一开始，现场球迷便情绪激动，嘘声和歌声不断，表达对对手的不满和对国家队的支持。在比赛进行当中，出现了球迷对立和球员态度过激的场面。在此敏感的情形之下，解说员应着眼于体育竞技本身，从技战术角度、运动规律角度、比赛规则角度去解说、分析比赛。解说员对纷争背后的情感要“视而不见”，把观众的关注焦点带回体育竞技本身。

第三，看不清楚，不妄下结论。

体育比赛项目繁多，以奥运会为例，大项有28个，小项有300多个。每个项目都有自己独特的魅力和展现方式，即使是专

▲ 2004年足球亚洲杯决赛日本队员用手臂把足球挡入球门的瞬间

业的转播团队，对很多项目也只停留于大致了解的层面。所以，即便是有经验的大型电视转播机构，有时也只能以固定模式来完成某些项目的转播。这些项目在比赛中的关键细节有时并不能及时充分地通过电视特写画面展现给观众。这并非疏漏，而是我们的电视报道水平还不足以达到这些体育项目所要求的转播水平。

一般来说，常见项目，比如足球和篮球的电视转播技术比较成熟，能及时跟进剧烈变化的比赛节奏，对局部的比赛内容可以多角度回放。但是，由于切换导演对比赛的理解不同、摄像师对运动对象判断的偏差等因素，也会为这些项目在电视画面的呈现上带来遗憾。在电视画面上看不到、看不清关键细节，有时会影响解说员对一个动作的完成是否到位、是否完美、是否违规的判断。比赛裁判在近距离可以凭借专业训练和大量的经验积累，对这些影响结果的细节迅速作出判断。但多数情况下解说员和观众一样，根本无法在第一时间看清楚实际情况，即便有慢镜头回放，有时也因为不够专业而无法认定事实。

这也是很多单项体育组织在慢镜头回放介入比赛判罚这个问题上迟迟不肯“松口”的原因。一方面，频繁的回放影响比赛进程，使比赛观赏性下降。另一方面，慢镜头回放有时并不具备说服力，还是要依靠现场裁判的临场判断。在这种情况出现的时候，解说员应保持谨慎。解说员不是裁判，可以存疑，但不应在第一时间进行是与非的评论或者明确的认定，更不应指责裁判的判断。相反，把问题留给观众思考是一个不错的选择，因为轻易作出判断有时会使解说员陷入尴尬的境地。我们不妨看看这样的例子：

越位了。是不是越位了呢？应该是越位了。对，没错，明显越位了。我们再来看看慢动作，哦……这个球，好像不是越位啊，再看看，嗯，确实没有越位……

第四，逻辑复杂，应删繁就简。

20世纪90年代以来，广播电台的比赛转播逐渐失去主导地位，单凭声音进行传播的情况几乎绝迹，基本上所有的主要赛事都可以通过视频平台看到。

随着电视市场的迅速扩大，体育解说在语言表现特征上也呈现出去广播化、符合电视传播的特点。与此同时，体育解说的语言风格又因网络媒体的蓬勃发展而受到影响。解说员招呼网络观众的一句“各位亲”，看似调侃，实则意味深长。从电视到网络，当下的体育解说语言除了呈现出多样化的风格外，还表现出更简洁的特点。

以贺炜等人为代表的年轻解说员正在开拓电视和网络的“解说疆土”。他们的语言不轻易为某个细节停留、不刻意在某个专业问题上着力，即便遇到值得探讨的问题，也是在比赛之余、在节目里和嘉宾、球迷共同商榷，或者是到博客上发表自己的长篇大论，把更多的复杂观点以个人名义表达出来。

究其原因，主要还是由于电视具有瞬间艺术的特点。解说时，语言短暂停留即可，用时过长，要么显得突兀，要么显得游离，对转播效果来说极为不利。解说员应该根据实际情况作出判断，选择简单介绍或是一带而过。一带而过，说得容易，谈何容易！把复杂的事情简单化本来就是一件很难的事情，在语言的即时创作中，化繁为简极为考验解说员的功力。优秀的解说员往往逻辑思维能力强，能在短暂的时间内梳理清楚复杂的逻辑关系，得出结论。但要让观众听明白，有时就必须通过逻辑关系的梳理或例证来加以解释。除非有恰到好处的例子让人一下领悟，否则，不能在一定的时间内解释清楚，时间就会变成解说员的敌人。

所以，不说似乎是更明智的选择。此时不说，并不意味着以后也不说。在不影响观众欣赏比赛的前提下，在合适的时机，用更准确的语言补充观点，是成熟解说员的表现。

第五，精彩纷呈，不干扰欣赏。

如果第四点说的是语言特点和观点表达时机，那么这里探讨是在可以说甚至该说的时候，解说员个人对创作的理想化选择。

时常有人说一场比赛看下来很累，而不是很兴奋。原因并不是比赛不够精彩，而是比赛看起来太“满”—— 画面元素满、声音效果满。太多的信息充塞造成观众的感知系统始终处于工作状态，兴奋度逐渐降低，信息处理能力逐渐下降，有时甚至发展到看了没反应、听了也不关心的地步。

因为解说员的措辞、观点常带有阐释、暗示、沟通和引导等功能，与观众的思想活动始终相关联。有效与无效的、强刺激与弱刺激的信息夹杂在一起，使观众的大脑始终处于高负荷运转状态，的确，信息太“满”必然使人产生疲劳感。这与电影《变形金刚》的场面精彩、刺激、扣人心弦，但依然有人在嘈杂的枪炮声、金属撞击声中酣然入梦是一样的道理。另外，如果一名解说员不为某个观众所认可，这个观众就会在心理层面产生排斥，然后造成生理上的自然反应，觉得该解说员的声音格外刺耳，这是观众产生听觉疲劳的另一个原因。因此，解说员在解说一场比赛的时候，要知道什么是“满”，并主动避免太“满”，把握好说话的度。解说员在一些高强度的、连续的精彩创作之后，要主动寻找那个让观众既可以继续欣赏比赛，又可以耳根清净的间隙。偶尔的不说，可能优于一直在说。

第六，自我控制，避免被动出错。

每个解说员对自己的解说能力都有个大致判断。说得精彩的段落，可能在之后的很长一段时间给解说员留下记忆，成为他自信的基础；而不足之处自然也会使解说员暗暗感到遗憾，揣摩如何改进。所以，那些长期从事体育解说的解说员已经形成自我评价的条件反射。优秀的解说员会在比赛过程中巧妙而不留痕迹地及时修正自己。当他们感觉自己状态不错时，则尽情发挥；当他们感觉状态不好的时候，比如身体状况不好、情绪受了干扰、背景资料掌握不够充分、专业知识有所欠缺时，会在解说时主动控制自己，一方面避免差错，另一方面使创作不低于一般水准。如果调整效果不好，解说员则会在接下来的环节中刻意减少创作的强度和密度，适当留白，这也是一种不说。

在实践中还有一种情况，可以体现出解说员对解说品质的主动控制。我们经常用瞬息万变来形容一场高水平比赛里形势的变化，正是这些变化使比赛有“嚼头”、可回味。有些变化有明显的原因和迹象，比如球队换人、跳水运动员换动作、举重教练改重量、自行车选手轮换领骑位置等比赛战术调整；有些变化却另藏玄机，比如拳击比赛里经过两个回合的试探后，一方主动采取外围战术，放弃主动权，其实是诱使对方消耗体力，寻找反击的最佳时机，一旦机会出现，则迅速调整打法，逆转局势；还有些变化是突然出现的，比如比赛将近结束，落后一方使用孤注一掷的打法收获奇效，比分迅速逼近，气氛突然紧张，观众情绪也忽然暴涨，解说员此前建立的顺理成章的逻辑被这个情况打乱了。这些隐藏的变化、突然的变化，都是对解说员临场创作能力的考验。这个时候，解说员如果没有足够的预判，应该主动控制解说节奏和间隔，给自己留出思考的时间，迅速整理思路，发现关键点并提供给观众。这个时候的留白，是自觉的不说，是解说员在高强度创作中仍然具备清醒判断力的表现。

虽然永远没有完美的解说，但解说员应该做好自我控制，永远追求完美。

第七，不言自明，避免画蛇添足。

在2015年NBA全明星赛前的表演中，新浪解说员和嘉宾尽量把空间留给观众，除了介绍表演嘉宾外基本不说话。当进入国歌演唱环节时，画面切给到场的美国前总统克林顿，现场观众发出欢呼声。解说员这时并未介绍这位前总统，自然也无须解释导演的画面语言，避免了不必要的麻烦。可见，对不言自明的画面而言，不说就是一种智慧的选择。

随着电视体育传播的技术发展和观念成熟，中国的电视体育解说没有照搬欧美模式，而是博采众长，自成一家，持续探索符合国情的体育解说语言风格。

解说员的语言风格

在观众眼里，解说员的风格更多是他们对解说员的一种总体印象，涵盖了他们对解说员的形象、语言、性格等方面的评价。本文论述的解说风格专指解说员的语言风格。

前文说过，解说员的形象塑造有理性与感性、职业化与生活化的区别，但无论何种形象，都应与其语言风格相统一。从播音语言学的角度来看，总体上偏向理性表达的解说员语言节奏相对舒缓，单位时间内传达的信息密度低，语调变化幅度小；而偏重于感性的解说员则在节奏、单位时间信息量、语调变化幅度等方面与前者相反。职业化特征突出的解说员的语言规范化程度更高。这些通过语体特征所呈现出的语言风格，就是解说员的语言风格。

体育解说的语言风格随时代变迁，经历了广播时代、电视时代和电视与互联网融合时代。

新中国的体育解说是从1950年春天上海人民广播电台的一场篮球比赛实况转播开始的。当时苏联男篮国家队来我国比赛，只有一面看台的上海体育馆一票难求。有关部门决定转播这场比赛，还在邮局工作的业余话剧演员陈述和时任上海人民广播电台播音组副组长的张之共同接受了解说这场篮球比赛的任务。后来，人们就以这场篮球比赛实况的广播解说为标志，宣告中国体育解说这个职业的诞生。

陈述于1952年进入上海电影制片厂，成为在银幕上给人留下难忘印象的著名反派演员。而张之从此崭露头角，1953年被调到中央人民广播电台担任专职体育记者、播音员，逐步创立了中国体育播音“口齿伶俐、比喻生动”的风格特点。

此后30年间，在以篮球、足球、女子排球和乒乓球为主的比赛解说里，张之、宋世雄等一直以广播语言为基础进行创作。这种情形一直延续到20世纪80年代初。据孙正平在他的自传《声涯》中回忆，1981年，他进入中央电视台，经过1982年西班牙世界杯等比赛解说的锻炼，他开始在1984年洛杉矶奥运会上担纲主

▲ 体育解说员张之

力解说。也就是从那时开始，中国体育转播开始有了真正的电视化解说语言。

1994年中国足球职业化改革开始后，伴随体育传播力量的发展，解说员群体急剧扩大。在多样化的表达中，电视解说语言的规律逐渐呈现出来。2004年，为迎接2008年北京奥运会，中央电视台组织了解说员大赛《谁将解说北京奥运》，并于2008年成立解说国家队，着力主导此事的正是孙正平。可以说，这是电视体育解说最为辉煌的时期，也是体育解说的语言风格最为成熟的时期。

此后，由于版权管理力度的加大，地方媒体赛事转播量锐减，电视体育解说员群体逐渐萎缩。以新浪体育为代表的网络体育传播平台开始崛起，新兴的网络体育解说初现江湖。包括解说员在内的大量传统电视资源纷纷加入网络传播媒体。网络体育解说脱胎于传统电视体育解说并深受其影响，但由于网络新生代的出现，网络媒体开创出了属于互联网媒体时代的解说语言风格。

从整体上看，广播时代、电视时代和电视与互联网融合时代因为媒体传播特点的不同，对解说员的要求也不同，解说员由此展现出各具特点的解说风格。

所有听过广播解说的人对它的印象就是“满”，造成“满”的原因：一是广播的安全传播要求，即声音的传播不能贸然中断，超过一定秒数的留白都算是责任事故。二是由于听众看不到比赛的画面，解说员就要详尽地对比赛过程加以描述。一旦解说停顿，听众就只能依靠有限的现场声音来猜测现场状况。所以，广播解说充满了描述性语言，包括现场气氛、人员安排、位置打法、比分变化、服装颜色、个人表现甚至相貌特点和表情等。解说员将观察到的细节通过语言一一传递给听众。为了使听众准确理解，解说员在描述中大量使用动词、形容词，在修辞上也常常采用比喻、拟人甚至通感的手法，这对解说员的文学素养提出了很高的要求。

广播解说的代表人物是张之。他热爱文学，阅读了很多中外名著，对书中描绘人物和场景的情节“苦学苦读”，这些积累成为他解说时的灵感源泉。他创造的许多绝妙的比喻，至今还在被后辈引用，并广为流传。

他用李白《蜀道难》中“一夫当关，万夫莫开”的诗句形容苏联传奇门将列夫·雅辛的防守；他用陆游的“山重水复疑无路，柳暗花明又一村”来形容1957年中国队与印尼队争夺足球世界杯出线权，中国队从领先到被追平，最终比分4比3的情形；他对篮球国手钱澄海“见缝就钻，无孔不入”的形容，对足球名宿张宏根射门如“出膛的炮弹”的比喻等，都堪称经典。

广播时代的体育解说有大量的描述性语言，客观上压缩了解说员的评论空间，解说员对技战术方面的评价必须言简意赅。同时，解说语言必须十分严谨。因为解说员的每个措词都可能引发听众对比赛的争议。所以，在广播时代，解说员对比赛双方的评价都极其谨慎，即便是后来在广播与电视融合时代，解说员也尽可能保留了由体育专家解读技战术的习惯。这使有些观众误以为这一代解说员有些“不懂球”。实际上，广播解说员要在解说中排除干扰，选择对听众来说最重要的信息进行描述，同时还要保证解说内容及时、准确、精彩，这是非常专业的创作，是必须懂行的人才能完成的创作。

总体来说，广播时代的解说语言风格主要体现为“满”“赶”和“可感”三个方面的特征。

“满”。解说员要在比赛进行的同时传递出丰富的细节，势必会使用大量词语对现场加以描述，客观上使听众感觉解说很“满”。这种“满”表现为单位时间内的巨大信息量。

“赶”。解说员在描述的同时还要观察比赛的进展，担心如果不及时讲述会错失一些重要细节。因此，广播解说呈现出紧凑感，即“赶”的节奏。在这种情况下，为了使听众容易理解，解说员主动避免进行逻辑关系复杂的表述，大量使用短句式，主动加快语言节奏。

“可感”。广播解说首先要考虑听众无法看到的现实，所以它包含大量画面感和情绪化很强的语言，让听众“可感”。因此，这种解说整体上是感性的表达风格，内容丰满而具有表达张力。

1981年，在中国女排对阵日本女排的比赛中，张之的衣钵传人宋世雄老师对陈招娣等女排姑娘的描述充满了革命浪漫主义的抒情风格。其中，他引用的那一句陈招娣的话语，给人留下深刻印象：

陈招娣的腰疼得更厉害了，但她一声不吭地坚持着。“别人的青春是在花前月下度过的，而我们的青春是在流汗、疲劳、伤痛中度过的。但是我们的青春没有白白度过，它为我们的祖国放射着光和热。”

虽然广播式的解说语言在电视时代逐渐被冷落，但并不意味着它是落后的解说风格。2002年，北京、南京等地的体育广播开播，客观上使广播式解说风格得到新的发展。在2013—2014赛季CBA总决赛北京队对新疆队的第四场比赛里，北京体育广播的著名解说员梁言对球员特点的描述令人印象深刻："李根就像个皮球一样，按下去马上又给你弹起来。"当北京队李学林突破得分后，梁言这样比喻："什么叫狸猫？这就是。狸猫把张庆鹏给晃了。"寥寥数语，球员形象和比赛场面跃然眼前，这是对张之等前辈的致敬，是广播解说的典型语言。

但是体育广播毕竟风光不再。随着电视体育传播的强势发展，在声画同步的时代，人们不再满足于对比赛内容的描述了，解说员必须作出改变。如果说广播时代是依据比赛内容和环境氛围进行的以描述为主的感性化解说，那么电视时代则是结合电视转播画面进行的以评论为主的理性化解说。在电视时代，解说员不再进行大量的过程描述，而敢于让语言焦点离开正在发生的比赛情境，对已经发生的比赛给予更多评价。技术性分析等抽象语言的比重在解说中增加，很多表达复杂逻辑关系的长句出现。此外，电视时代的解说员在对比赛过程进行选择性描述、评论时，甚至刻意留白，在语言表达上更加从容、更为有序。观众在解说员传达的内容之外，也可以感受到语言在韵律和节奏方面的美感。

在发展的过程中，电视体育解说在语言风格上呈现出多样化的趋势，但总体上是理性的，具有节奏较为舒缓、单位时间内词语密度较低、语调变化幅度不大等特征。当然，在实践中，不少解说员在语言风格上也进行了大胆的尝试，比如使用南美式的夸张表达、语言刻意文学化等。但这些尝试并不影响人们对整个电视时代解说语言风格的判断。事实上，随着电视体育传播的技术发展和观念成熟，中国的电视体育解说没有照搬欧美模式，而是博采众长，自成一家，持续探索符合国情的体育解说语言风格。

体育解说语言风格的变化除了受时代特征与个人风格的影响之外，媒体的定位与风格对解说员的语言风格也有重要影响。

电视媒体在选拔体育解说员时，除了要求发音标准、表达准确、语言流畅之外，对其体育知识储备的要求也很高。由于大学没有培养解说员的专业，可供挑选的人才并不多。在以往对解说员需求比较迫切的情况下，电视媒体对解说员的语言基本功的要求有所放松。一些有体育专长、语言表达有个性特点的人才得到施展才能的机会，为体育解说语言风格的多样化创造了条件。与此同时，电视媒体因自身的定位、所承担的宣传职责和服务功能的不同，在传播发展变化的过程中形成特有的媒体风格。体育解说员的语言风格大多呈现出英气洒脱、干净利落的特点，这与体育频道的总体风格是吻合的。一般而言，体育媒体的风格包含体育精神和运动美感，诸如对更高目标的追求、挑战自我的勇气、坚韧不拔的斗志以及对力量、速度、节奏的展现。这些风格不仅体现在频道的形象包装上，还体现在节目设计和主持人的形象塑造上。

省级电视台与中央电视台的定位与风格就存在差异。中央电视台体育频道的节目覆盖面广、影响力大；在主持人和解说员的管理上非常专业、细致；在业务方面，中央电视台比地方电视台更为严格、规范；在语言方面，解说员表现得更加职业化，吐字归音、遣词造句、观点表达的尺度、情绪宣泄的控制等都更有分寸。

2014年巴西世界杯足球赛，中央电视台派出了刘建宏等四位足球解说员赴巴西参加现场转播。与以往相比，这四位解说员在解说中都减少了对技战术环节的评论，增加了对比赛过程和人文信息的描述。刘建宏还适时地加入了对中国足球的发展问题的评论，这些变化多多少少令球迷有些不解。有网友还为刘建宏在荷兰队与阿根廷队的比赛解说做了“技术统计”：用了18个成语，6句名人名言，7次提及中国足球，5次提及青少年，4次提及德国足球，2次提及法国足球。

作为世界性大赛转播机构，中央电视台在世界杯足球赛期间的收视率高、影响力大，任何失误都有被放大的可能，以往的世界杯足球赛转播已经证明了这一点。在自媒体的言论环境更加开放的当下，中央电视台对解说员的要求更加严格是必然的，上述四位解说员解说风格的变化主要源于此。

所以，中央电视台的解说语言风格整体上呈现出规整大方、稳健流畅的特点，这也是中央电视台作为国家级大台应该具有的媒体风格。中央电视台体育频道原总监马国力曾总结道：“中央电视台的解说，我认为是以平稳为主，加一些激情，最重要的是专业。因此在中央电视台解说的整体风格上，我认为还是以稳妥、中庸为主要的标准。当然，你也可以加一些别让人反感的激情。”[①]

相比中央电视台，虽然地方电视台对解说员也进行了规范化管理，但由于影响力和受重视程度较低等原因，解说员在遣词造

① 孙正平.声涯【M】.北京：华艺出版社，2007：9.

句、观点表达、情绪宣泄上更加多样化，拥有更多个人化的表达空间。这样的语言风格可以用“去职业化”或者“近生活化”来形容，虽然在语音清晰度、表达流畅度等方面较中央电视台有所不及，但在亲和力方面更胜一筹。将这样的语言风格运用到网络媒体解说中，更能让解说员如鱼得水。不过，值得注意的是，在地方电视台和网络媒体淡化职业化的语言风格的同时，出现了忽视职业化管理的问题，这是不应该的。比如，前网络体育解说员周亮的“辱骂用语”事件遭到广大网友的抨击，有损体育解说员的群体形象。

解说员应该始终清楚自己是一名语言工作者，应该以专业的眼光去看待问题，掌握传播语言发展变化的规律，不能使用肤浅、粗俗的语言。解说员一方面以解说的方式进行语言传播，另一方面对语言美的发展、传承负有责任。因此，解说员应该积极探索体育解说与语言艺术之间的关系，展现不同风格的语言之美。

我们不妨将事件当事人『代入』此公式，得出：个性洋溢的黄健翔＋充分体现世界杯报道团队意志的黄健翔＝优秀的解说员黄健翔。显然，等号前的两项缺一不可，缺失任何一项都意味着不完美。

突破“解说门”①

在2006年德国足球世界杯第五场的八分之一决赛中，意大利队在最后时刻凭借点球击败了顽强的澳大利亚队，然而这场比赛在中国掀起了轩然大波。中央电视台解说员黄健翔以不同往常的“激情”解说震撼了中国球迷，并在世界各大媒体引起了不小的震动。人们把这件事戏称作“解说门”。一场关于“什么样的解说员才算合格”的全民大讨论由此轰轰烈烈地开始了。我们应该感谢黄健翔，他掀起的风波让人们以前所未有的热情关注体育解说员这个职业。现在，让我们带着思考，重新走进“解说门”，用更理性的方式来分析这个事件。

“解说门”引起了国内外媒体的广泛关注。路透社记者尼克·莫尔瓦尼关于此事的报道是这样开头的：“当格罗索在比赛最后一分钟摔倒在澳大利亚禁区内并为意大利赢得点球良机的时候，一名负责为亿万中国球迷评论世界杯比赛的体育评论员—黄健翔未能及时控制住自己的情绪。”随后，莫尔瓦尼描述了当时黄健翔的“疯狂”表现：

① 徐辉. 突破“解说门”——由主持人语境解析解说员的形象把握【J】. 东南传播，2006（8）：6-8.

“点球！点球！点球！”他疯狂地叫着，“格罗索立功了，格罗索立功了！伟大的意大利左后卫，他继承了意大利的光荣传统。法切蒂、卡布里尼、马尔蒂尼在这一刻灵魂附体。格罗索一个人，他代表了意大利足球悠久的历史和传统。这一刻他不是一个人在战斗，他不是一个人！”

莫尔瓦尼接着写道：“在中国，有将近100亿人次通过电视机来欣赏德国世界杯全部64场比赛。在正常的情况下，他们很难听到昨天黄健翔那样极富南美风格的足球解说。当意大利的比赛结束以后，黄健翔的表现在全中国球迷、网民中引起了热烈的讨论。”他进一步描述道：“当托蒂将点球罚入以后，黄健翔对澳大利亚主教练希丁克在本场比赛中的指挥给予了特殊的评价。”

“球进了！比赛结束了！意大利队获得了胜利！淘汰了澳大利亚队！他们没有再一次倒在希丁克的球队面前，伟大的意大利！伟大的意大利的左后卫！马尔蒂尼今天生日快乐！意大利万岁！”

“胜利属于意大利，属于格罗索，属于卡纳瓦罗，属于赞布罗塔、布冯，属于马尔蒂尼，属于所有热爱意大利足球的人！”

“希丁克……面对意大利悠久的历史，他失去了他在小组赛中那种猛扑猛打的作风，他终于自食其果。他们该回家了，他们不用回遥远的澳大利亚，他们大多数人都在欧洲生活，再见！”

莫尔瓦尼接着写道："赛后连线采访中，这位刚刚失态的解说员看起来并不打算认错。黄健翔表示，已经不记得自己在比赛的最后阶段说过什么了。此外，他还公开承认正是由于多年来一直负责解说意大利足球甲级联赛，才使他拥有浓厚的意大利情结……"

> 第一，我对意大利的球员比较熟悉，有感情。第二，因为儿时的情结，我不喜欢澳大利亚队，我不希望他们在世界杯上取得好成绩。还记得1981世界杯预选赛中国队是被怎样的一个烂队挡在了西班牙世界杯的门外了吗？就是一个跟澳大利亚队类似的队伍，全都是在英国踢球、生活的拿了新西兰护照的人。这是我们儿时的一个心病、一个痛。2006年澳大利亚就像当年的新西兰一样。

莫尔瓦尼在此做了一个注脚："澳大利亚刚刚加入亚足联，从下届世界杯开始，他们将与亚洲诸强争夺一张世界杯入场券。"

路透社的描述使我们清晰地看到事件的过程。

我们再来听听事后各方的声音。同样对此感到震撼的中央电视台后方主持人张斌在直播中代表黄健翔向球迷道歉："黄健翔在比赛最后阶段的解说中，从声音上说，出现了失声的情况……这样的表现，对于一个职业解说员来说是失态了，这的确不是一个成熟解说员的表现；对球迷来说，是失礼的；从解说状态上来说，是失常的。"

师旭平是中央电视台体育部的高级编辑，曾经解说过体育比赛。他这样说：“适当地有一些激情也无妨，但像这次明显贬低一个球队，自己都不能自圆其说，比他2001年那次有过之而无不及……我更喜欢他早期的解说风格，那时候他还比较谨慎。”

中央电视台著名体育解说员韩乔生表示，作为一个球迷，他很理解也很赞同黄健翔在意大利队死里逃生后的那种激情，只是“作为一个体育解说员，健翔的情绪可能稍微有些过了……作为一个电视解说员和主持人，面对着全国的观众，还是应该抱着客观、公正和适度倾向性的原则。”

针对黄健翔的解说，《三联生活周刊》的记者苗炜指出，这是因为中央电视台体育解说处于尝试突破与受到诸多限制的矛盾之中。他认为，抒情化、情感化的体育报道利弊皆有：利是更多地调动了人们的情感去关注体育；而弊则是妨碍了人们更深入地理解体育。

再来听听球迷在网上的声音：

> 支持黄健翔！足球就该充满激情！
>
> 黄健翔，在这里我正告你：你首先是一个解说员，其次才是一个球迷。你不尊重自己可以，但你必须要尊重不得不受你噪音污染的广大球迷……黄健翔，我将你红牌罚下！
>
> 我欣赏黄健翔的解说个性，足球不是政治。
>
> 黄健翔同学拿着央视买的门票，在现场找到了球迷的感觉，丢失了央视现场解说的角色。

法国马赛球迷阿兰·本森说：

> 中国解说员大概太盼望意大利队赢了，或者球场气氛太热烈了。我想他的情绪一定让中国观众都不困了。我不知道澳大利亚队今后会对中国队有什么威胁，或者为什么他反感澳大利亚队。但我觉得不用大惊小怪，解说员本身也是观众，他说的话、他的观点本身就不可能都正确。他还喊意大利万岁了吗？我没觉得有什么特殊含义，可能就是太激动了。

而作为事件的主角，黄健翔当天的现场连线和次日的道歉让我们看到了他的变化：

> （当天）没办法，我是一个人，不是一台机器，不是电脑编写出来的程序，我不可能做到让所有的人都觉得我客观、中立、公平、公正，不能像水平仪一样，不能够那样完全平衡，这是不可能的。
>
> （次日）昨天，我在最后几分钟内的解说不是一个体育评论员应该有的立场，所说的话引起了观众的不满和批评，我再次真诚地表示歉意！……今后，在工作中我将总结经验，时刻提醒自己把握好岗位角色，处理好情感和理智之间的平衡。

从这些颇具代表性的媒体、资深新闻工作者、球迷的评价以及解说员前后矛盾的自我认识中，我们不难发现，一个聚光灯下的体育解说员面临的内部和外部环境的多重性。虽然这种多重环境只是解说员在实际工作中所面临的语言使用环境，但解说员若不能正确认识和适应这种环境，就很可能面临职业生涯的“红牌”。

有研究认为，体育解说是节目主持中的独特门类，体育解说员是具有专项能力的节目主持人。所以，从主持人语境运用规则的角度重新解析所谓的“解说门”，对一名体育解说员如何把握自身形象具有指导意义，也是对站在不同角度的评论者的一个理性回应。

和主持人一样，体育解说员的形象塑造要符合受众的要求、媒体的要求和主持人的个性风格。这三者的重要性随时代变迁有所变化，但事实证明，只有当主持人的个性风格与节目风格一致，被受众认可时，这种个性风格才有价值，才会成为主持人形象的重要组成部分。也就是说，媒体和受众的要求是体育解说员形象塑造的主要因素。

那么，黄健翔在“解说门”中充满个性的魅力展现却饱受争议，是否和这样的规律有关呢？我们从“语境”这个所有语言创作都离不开的基础出发，去寻找问题的答案。

广义的语境是指使用语言的主客观情境，包括主观因素，比如谈话参与者的身份地位、心理背景、文化背景、谈话目的、谈话方式以及他们之间的关系；还包括客观因素，比如谈话的时间、地点、交际渠道等。[①]实际上，语境是交际过程中说话人运用语言表达思想所依赖的各种因素，是语言运用的基础。对体育解说员而言，他们的语境存在于所主持的节目和转播的比赛当中，而节目语境又存在于传媒语境和社会宏观语境当中。因此，影响

① 吴郁.主持人的语言艺术[M].北京：中国传媒大学出版社，1999:33-34.

和制约解说员表达的因素有很多。解说员语境可分为社会宏观语境、传媒语境和节目语境。了解社会宏观语境使解说员明确自己在什么样的社会环境中，知道“该说什么话”；传媒语境则规定了解说员必须遵循的、反映传媒特点的共性要求，它帮助解说员明确职业角色，让解说员知道“我是谁”以及“该怎么说话”；具体到赛事转播的节目语境则表现为解说语言的业务特色，它明确了解说员的形象定位和个性风格。

▲ 主持人语境示意图

具体就“解说门”而言，节目语境的主体是转播赛事的解说员黄健翔，而在该事件中发声的张斌、师旭平、韩乔生代表了传媒语境的立场，来自社会各界的声音则充当了社会宏观语境的代言人。在这样一个语境中，解说员黄健翔到底“该怎么说话”呢？

语境之一：社会宏观语境下的体育解说。

社会宏观语境包含了社会语境、文化语境、民族语境、地域语境和时代语境等。社会宏观语境决定了体育赛事转播这个小的语言环境不应该违背也无从逃脱社会宏观语境这个“如来佛的掌心”。

解说员并非活在节目营造的真空里，虽然节目中的语言创作和日常语言有区别，但节目的传播范围和对象决定了节目的语言运用与社会存在着非常密切的关系。历史、政治、法律、道德、文化、教育、民族心理、宗教信仰等社会因素，构成了语言创作的社会历史文化环境。

中华民族“文以载道”的文化传统和几千年形成的伦理道德塑造了中国人传统的内敛的性格。这种性格反映在语言文化环境中表现为注重亲和与宽容，在语言表达方面呈现出平和、自然、含蓄的风格。在这样的语境下，体育解说员如果选择咄咄逼人或声嘶力竭的表达方式就显得格格不入。业界公认的比较成功的解说员师旭平，赋予中国体育节目以文化色彩，他明确提出自己更喜欢“商榷式解说”。他认为“你(黄健翔)的解说应该是商榷式的，观众能听出其实你有别的想法，能够听出你对足球有自己的理解，有丰富的足球知识。你跟专家的口气应该是商榷式的、探讨式的。”师旭平推崇的“商榷式解说”体现出宽容、含蓄的中式语言文化特点。

观众对解说员解说的方式和观点虽然有不同评价，但由于受到社会语言环境的影响，在大方向上体现出一致性。解说员自身也同样不可能脱离这个大环境。更何况，是否与这样的大环境、大方向有足够的默契，往往意味着一个大众传播机构在传播过程中是否有足够的贴近性和可接受度。体育解说员作为赛事转播的主要传播者，承担着使传播机构获得充分的贴近性、可接受度的责任。当然，由于修养和语言感悟能力的差异，不是所有体育解说员都能在语言适应社会语境方面做到处处清醒、面面俱到，失控和错位的事情并不少见，这种情况出现在中央电视台的大舞台上则显得分外扎眼。

在上文路透社的报道中，莫尔瓦尼认为黄健翔的解说具有南美风格。这恰恰说明中国与南美国家因为民族个性、文化背景的不同，已经自然形成了社会语境和传媒语境方面的差别。这些差别决定了中国解说员应该具有中国风格。当然，嘶吼自有理由，如南美解说员长达一分钟以上的激情澎湃、声嘶力竭的“GOAL（进球了）！GOAL(进球了)！”。在我们国家,解说员要考虑“情感基础”和“观众立场”。即便非常热爱某支球队，也必须思考使用什么样的方式和力度易于观众接受，即语言是否符合当前语境中接受者的心理需求。这时的语境实际上由地域语境、文化语境和民族语境共同构成，包括人们共有的生活环境、审美情趣、行为习惯、心理承受等因素。对大多数国人而言，“解说门”中高呼“意大利万岁”来得太突兀了，超过了他们可以容忍的情感表达限度。

综上所述，体育解说员作为主持人中的一个群体，在节目中的言谈话语应该自觉遵循社会语境的规约——即该说什么，不该说什么。凡是涉及思想、观念、情感、立场的话语都要以社会主流价值观为尺度。把握住这个尺度，也就把握住了受众的要求，“该说什么话”，解说员自然就心中有数了。当然，从“该说什么话”到“该如何说话”需要解说员努力学习，说到位就更具难度。这就需要解说员提高修养，积累知识，增加阅历，深入独到地分析思考问题，发现别具一格的叙述角度，形成富有个性的语言色彩等。在这个过程中，解说员应适应社会语境的要求，考虑到受众关注的焦点、看不到的盲点、搞不清的疑点、需要了解的重点，使自己的解说满足受众的心理需求。

语境之二：传媒语境下的体育解说。

体育解说员塑造和维护形象的第二个因素是媒体要求，我们试从传媒语境对体育解说员的语言制约角度进行分析。

作为有中国特色的社会主义广播电视事业，媒体要时刻坚持党性原则，以正面宣传为主，把握正确的舆论导向。广播电视作为大众传播工具，传递的信息影响着人们的社会心理和价值取向，这就是我们面临的传媒语境。所以做好舆论引导，促使社会发展进入良性循环是媒介的社会责任，体育解说员作为媒介中重要的传播者更是重任在肩。

从传播的过程和特点来看，体育报道变化多、难度大、专业性强，解说员在语言上往往呈现独树一帜的风格。与传统播音和早期解说相比，现在的体育解说具有亲切平和、贴近性强、可接受度高的特点，体育解说员是服务于大众传播体系的节目主持人，而不是纯粹的“人际传播者”。传媒语境中主持人的定义为：广播电视媒体中，集人际性和社会性于一身的具有亲和力的传播者。[1]人际性是指主持人以受众喜闻乐见的朋友身份，以与受众平等的关系，以“个性化”“人格化”方式进行传播。社会性是指体育解说员和其他社会角色一样，是权利和义务的统一体，在被他所服务的媒体赋予一定的社会地位（受人瞩目的信息传播者）和权利（解说中的话语权）的同时，必须发挥积极的社会作用，并自觉履行社会义务和责任。

可见，在新闻事业中，主持人如果抛开人际性特点，只是影

① 吴郁.主持人的语言艺术[M].北京：中国传媒大学出版社，1999:47.

响了传播效果；而如果没有了社会性，则根本不会有主持人这样的职业存在，体育解说员更是如此。这种职业定位使主持人的语言创作必须符合大众传播语境，甚至在节目之外的言行也不仅仅代表其个人观点。只有找准这个职业定位，体育解说员才能知道“我是谁”以及“话该怎么说”。

“解说门”发生的第二天，张斌给出“失声”“失态”“失礼”“失常”的评价，从中也可以看出媒体管理者对解说员的基本要求。中央电视台作为国家级电视台，目的是服务大众，争取社会最大多数人的理解和喜爱。而体育解说作为这个大众传播机构的一种传播方式，理应受到传媒语境制约并遵循相应规则。

语境之三：在节目中追求个性的体育解说。

在媒体的规则下，在受众多样化的期待中，体育解说员在节目中如何突出个性、找到自我呢？中国的体育解说经历了60多年的发展后，优秀的解说前辈积累了很多实践经验。一个具备专业素质和独立思考能力的体育解说员，在转播中不会也不应该脱离自我，所要做的是在大众传播语境中进行必要调适。体育解说员即便采纳别人的意见、观点，也要经过自己的消化理解，将其变成受众认可的内容。

如前所言，媒体与受众的要求、传媒语境和社会宏观语境的制约是解说员塑造自身形象的两个主要因素。解说员要对与创作语境相符合的个性因素进行强化，对与创作语境相悖的个性因素进行淡化，甚至割舍，才不至于失去理智地偏袒某方或以个人好恶妄加指责，才能体现出新闻工作者把握舆论导向和政策分寸的水平。

这个“小我”融于“大我”进而塑造“我”的过程，我们还可以通过瑞士心理学家荣格的著名公式进行总结：I+WE= FULLY I（个别我+团体我=完整的我）。这个公式说明了解说员处理好与节目制作团队的关系进而塑造自身形象的过程。我们不妨将事件当事人“代入”此公式，得出：个性洋溢的黄健翔＋充分体现世界杯报道团队意志的黄健翔＝优秀的解说员黄健翔。显然，等号前的两项缺一不可，缺失任何一项都意味着不完美。黄健翔可以只选择第一项，但中央电视台世界杯转播团队必须选择完美，这是由中央电视台必须服务于大众的定位所决定的。

从主持人传播角度看，语言是手段，交流是目的。同样，个性风格是使节目成功的手段而非目的，比赛的转播不是为了展现解说员的个性风格。只有当解说员的个性风格与节目、受众的审美心理相吻合，才能产生完美的共振。因此，体育解说员必须把握好展现个性风格的分寸、尺度。过度展现个性风格，反而会变成哗众取宠。从这个意义上说，解说员是他自己，又不完全是他自己。

老一辈新闻工作者、原广播电视部部长吴冷西对体育解说有很高的评价：“体育解说是一种相当高级的艺术，是解说员思想状况、文化修养、专业知识的综合反映。每一场体育比赛的转播都是对解说员的一次全面考试。”作为电视体育同行，让我们一起面对考试，找到节目中的自己，共同突破“解说门”。

创新传承

网络平台的解说员有了更多的『明星色彩』、更多的『网红气质』，从而有更多自我进化的诉求。对这些不断追求进步的解说员来说，新媒体平台带来的更大的话语空间成为一种挑战和考验。

新媒体解说的创新

当下，新媒体体育传播平台大量吸收、借鉴传统媒体的经验，在团队组建中吸纳很多传统媒体的优秀人才加入，发展比较快。作为飞速发展的新生力量，新媒体在出发时就携带了创新基因，以刻意的模式化差异来凸显自己，以满足收视习惯被新媒体改变的观众群体。

与此同时，传统媒体求新求变，力保在体育传播中的主导地位。这使得以网络体育视频为主的新媒体必须目光长远，在赛事报道权和人力资源等多个领域投资布局。从传统媒体网罗一批优秀的解说员，培养解说员新生力量，是新媒体人力资源战略的一部分。

尽管腾讯、新浪、乐视的体育赛事直播竞争已经很激烈，但优秀解说员还是以老面孔居多，人们仍旧以电视时代解说员的标准来衡量网络时代的体育解说员。在电视传播走向成熟的过程中，电视体育解说员逐渐摒弃了广播时代对细节的娓娓道来，呈现出更为简洁、更重视评述的新特点。如今，新媒体对解说员的要求也包含了平台差异所带来的从解说内容到解说形式的创新。

这种创新源于观众收看习惯的改变。伴随终端技术的创新，观众的收看习惯在发生变化。点击收看、多窗口收看、移动收看、边看边进行二次传播逐渐成为趋势。受众的收视习惯日趋个性化、多样化。

与努力向全媒体方向发展的传统媒体相比，新媒体凭借平台的技术优势，拥有比传统媒体更加灵活的调整能力。在这种调整中，如何根据受众收看特点做好服务，是新媒体解说员研究的重点。

首先，针对受众群体的年轻化特点，新媒体平台上的解说员可以更加大胆地表达观点。到目前为止，传统媒体的观众覆盖面仍比新媒体广泛，收视人群的年龄跨度比新媒体更大。传统媒体的解说员在转播中依然要考虑大多数传统电视观众的感受，不仅不适合表达过多的倾向，在语言风格上也要中规中矩，不走过于个性化的路线。

新媒体则不同，其观众以年轻群体为主，对个性化表达的接受度高。解说员在表达时可以适当突破中庸的尺度。比如，解说员杨毅就曾经在网络解说里这样评价火箭队主帅范甘迪：

> 我们小时候看过一部动画片，名字叫《没头脑和不高兴》。范甘迪就像那个不高兴。甭管输球赢球，赢多少分，都是一副不高兴的样子。我真想上去抽他两耳光。

无疑，解说员在网络媒体上的情感表达远比在传统媒体上更为犀利和张扬，在有关比赛的技战术方面，也可以表达一些尖锐的观点，甚至可以有解说员个人的倾向性表述。因为网络世界的话语规则，天生就具有较强的包容性。

在语言风格上，新媒体平台的解说员有意识地加入年轻化、网络化的表达方式，拉近与观众的距离。有些年轻解说员本身就具有这样的语言优势，说起来更轻松随意。在电视、广播和网络上解说足球的媒体人董路以轻松调侃见长，他的理解最为直观：

> 在网络上说球，气氛比较活跃，和年轻人交流也比较欢快，确实是种不错的感觉……我现在解说的欧洲冠军联赛是在凌晨进行的，这时候看球会非常疲劳，而且由于画面没有电视清晰，所以我有时候有点像广播解说员，得说得很清楚，谁传球、谁进球。但又不能枯燥，一枯燥就更累，所以会说点笑话，调节气氛。

这种方式既符合新媒体观众的要求，又容易引发共鸣，颇具幽默感。但如果移植到传统媒体中，就显得过于俏皮轻佻，不够端庄大方。

网络解说还有一个很大的优势，就是即时互动更加频繁多样。边观看比赛直播边打字交流或看大家的文字评论，已成为网络观众的常态。观众对比赛的观点、对解说员的意见，都可以在转播页面的评论栏里表达，还可以与解说员和其他网友互动。所有人都有参与感。这在一些重要比赛中体现得十分明显，转播过程成为真正的交互式双向传播。

有意思的是，新媒体的体育解说风格也不是我们想象中的完全颠覆传统。受到网络传输速度的影响，为保证画面流畅，转播方一般会降低画质。这样一来，画面清晰度不够、画面在手机与电脑终端只能以小窗口呈现，观众会看不清楚比赛细节。因此，解说员在转播过程中必须考虑观众感受，对比赛过程中某些关键细节使用广播化解说的表达风格，注重画面描述。这种情况随着网络技术的进步，正在得到改善。

除了与传统媒体争夺观众，新媒体平台之间的竞争也在持续升级。整体来说，新媒体平台解说员的自我进化速度很快。网络平台的解说员有了更多的“明星色彩”、更多的“网红气质”，从而有更多自我进化的诉求。对这些不断追求进步的解说员来说，新媒体平台带来的更大的话语空间成为一种挑战和考验。他们需要为这种升级与进化做好充分准备。

首先，形象的准备。穿着T恤短裤显然已经无法登上各大体育直播平台，毕竟这是一个十足的“看脸的时代”。从腾讯体育解说员柯凡身上就可见一斑：从一开始随意的短袖，不修边幅的头发，甚至不加控制的体重，都是在用与正襟危坐、西装革履的传统解说员截然不同的“草根”姿态来增加亲和力，利用网络追随者常见的叛逆的心态，赚取更多的流量和广告。比如新浪体育在转播2015年NBA全明星赛时，柯凡等三位解说员分别穿着运动服、传统中式服装和中山装亮相。但在版权费用高涨的当下，特别是付费直播在互联网平台的日渐增多，解说员的形象成为整个体育直播中不可忽视的重要组成部分。解说员形象的提升也是吸引广告客户和付费用户的重要手段。所以，我们看到了柯凡的变化：变成了一个“高富帅”，外形升级也喻示了整个新媒体解说的升级。

▲ 2015年NBA全明星赛解说员穿着（左一为柯凡）

▲ 柯凡的新形象

值得一提的是，柯凡的体重一直是解说嘉宾和网友调侃的话题。而从新浪体育跳槽至腾讯体育的柯凡，在脱下T恤、穿上西装的过程中，完成了一次颇为励志的减肥之旅。柯凡特意在其超过百万粉丝的微博上晒图，进一步增强了减肥的话题性。而他的这次职业转投也变成了颇有影响的话题营销。

其次，语言的准备。在当下的大众传播中，网络语言已经成了一种独特的话语体系，一些符号和游戏术语甚至成了互联网“原住民”交流的行话。因此，相对于传统媒体的语言规范，新媒体解说员适度地将网络语言运用到解说和评论中，是适应语境的正常现象。除了这些形式上的变化之外，新媒体解说员的语言应注意对球迷情绪的引导与自我控制。部分网络平台，特别是视频直播App类的“草根解说员”，将地域攻击和个人喜好当作解说风格，用夸张的语调和过激的言论博取眼球，引发话题，形成了一种恶劣的“胡说”风气，实不可取。

最后，专业知识的准备。无论是在新媒体平台还是在传统媒体平台，解说员都应具备新闻传播、播音主持、体育竞技、市场营销等多个学科的专业知识。新媒体平台虽然降低了人才准入门槛，但对解说员的业务要求同样很高。在新媒体解说的过程中，解说员除了要进行常规的资料查询之外，在论坛、贴吧、微博、微信上搜集更多球迷的观点、看法，通过微信与更多的球员直接交流，随时保持沟通，获得第一手的资料，也是其不可或缺甚至更加重要的工作。同时，解说员还应该从专业的角度分析网络中的各类观点、资讯，避免球迷单一视角带来的局限。解说员既挖掘深度，又拓宽广度，在解说的时候才不会凭感觉判断，凭喜好评论。

体育解说员不是由专门的对口专业培养而来的，他们的成长和成就更多依靠个人对优秀体育解说员的学习模仿和前辈们一代代的传、帮、带。可见，传承在体育解说这个职业中是何等重要。

传　承

1999年初春，首届全国体育播音员、主持人研讨会在北京召开。参会者绝大多数为既主持又解说的一线同行，涵盖老、中、青三代人。其中，就有年近六旬即将退休的宋世雄老师，他是这届研讨会的最年长者。

分小组讨论时，我恰好和宋世雄老师在一组。我以“传承和发展”为主题发表感言，其中的一句话“前辈们对我们这一代人的关怀，恰如一只温暖的手，牵引我们前行”引发了宋老师的感慨。当天下午，我们一行到中央电视台演播室录制了一期《五环夜话》。节目中，宋老师特意以这句话为引，讲述了他和张之老师的故事。其中有一个细节，就是宋老师第一次转播比赛时，紧张得簌簌发抖，张之老师就站在他身后，用一只手一直抚在宋老师的背上。这段记忆令宋老师终生难忘。宋老师动情讲述这一幕时，面对我们大家，起身抬起右手，头部向身体左侧微微倾斜的形象也深深留在了我的脑海中。

今天，回想起这一切，我的内心仍然充满了感激。感谢这些前辈，他们不仅开创了历史，创造了辉煌，还以谦逊好学、提携后进的风范指引着解说员职业精神的发展方向。体育解说员不是由专门的对口专业培养而来的，他们的成长和成就更多依靠个人对优秀体育解说员的学习模仿和前辈们一代代的传、帮、带。可见，传承在体育解说这个职业中是何等重要。

我理解的传承，第一是对前辈们为追求解说水平的提高刻苦钻研、不惧困苦的敬业精神的传承。

对喜爱体育的年轻人来说，体育解说是一种让人羡慕的职业，是一个可以把自己的爱好与工作合二为一，让自己有机会亲临赛场与仰慕的体育明星近距离接触的职业，是一个拥有话语权，可以畅谈自己体育思想的职业。能从事这样的职业，一定是经过了不懈的努力或者是得到了特别的机缘，所以要懂得珍惜。解说员应珍惜每一次坐在话筒前为观众服务的机会，珍惜这个职业带来的每一份荣誉，尽最大可能把解说工作做好。

1960年，宋世雄老师刚进入电台，只有高中文凭的他马上发现自己要干好这行，首先就需要弥补知识水平的差距。从此，他以办公室为家，从清早到晚上十点，攻读新闻理论，研习写作技法，背诵报道名篇。每逢张之老师去转播，他就坐在旁边，边听边看边记录，毫不松懈。为了提高语言能力，宋老师向专业的播音员请教用气、发声的基本方法，最终从一个门外汉，成为在2008年北京奥运会仍以高亢清亮的声音服务观众的解说大家。

为了完成高强度的转播任务，很多解说员都有过在演播室地板和衣而卧，见缝插针地休息，顶着严寒酷暑进行采访和转播的体验。所有这些克服个人困难，以工作为重的经历，都是一种职业素养的体现，是体育解说员应该具有的敬业精神。这种精神在我们的前辈身上有非常充分的体现，每个希望从事体育解说的年轻人都应该以这份精神为荣，把它作为职业必备的品质传承下去。

我理解的传承，第二是对前辈们执经叩问、虚己以听的谦虚好学精神的传承。

我很幸运，有过和宋世雄、王泰兴、孙正平、韩乔生等几位老师合作转播的经历。给我留下深刻印象的，除了他们的专业能力外，还有他们谦逊低调的为人处世作风。宋世雄老师出生于1939年，比我整整年长30岁，是我们景仰的前辈。可是不论哪一次见面，宋老师都非常主动地与我交流，以您相称，使我诚惶诚恐。和同行之间的工作交流中，也经常听到宋老师对别人以老师相称："某某老师，这个问题您看这样说行不行？"如果是当场听见，你一定会感受到，那不是客气，而是真诚，是发自内心的谦虚。

不止宋世雄老师如此，很多前辈在合作中都会给予搭档足够的尊重。对于转播中涉及两人配合的细节，比如次序、称呼、出入点等，前辈们事先都会客气地征求搭档意见。尽管转播工作时间紧凑，可是面对球迷和工作人员的合影要求，他们从来都是面带笑容地予以满足。

有一年奥运会，我们因解说力量不足，向广东台商请王泰兴老师来帮忙解说几场比赛。相比广东台，我们的工作条件和接待条件简陋很多。可是，王老师来后一直表示很好，把所有精力都集中在解说上。他每天做的就是工作和抓紧时间休息，在解说之余，连住宿的地方都没离开一次。返程那天，我专门去陪他吃早饭，王老师利用这个时间还很认真地回答了我在解说中遇到的一些问题，使我受益匪浅。

有一次，福州举办全国青少年三人篮球赛。因为是全国性的比赛活动，我们就邀请孙正平老师来解说。我本以为比赛是青少年级别的，赛事本身不是很重要，把活动转播好，发挥其影响力就可以了。但是，没有想到孙老师做事非常认真，下飞机见面的第一件事就是向我询问比赛的详细情况，并要求尽可能提供足够细致的文字资料。那次转播，孙老师对比赛进行了专业、精彩的评述，妙趣横生，俨然对参加比赛的青少年球员已经很熟悉了。转播结束后，孙老师还主动向我们询问转播效果和不足之处。

福州的夏天向来闷热。有一年，韩乔生老师来转播一场比赛，当时的省体育馆还是五一广场的老馆，设备陈旧。但韩老师很早就来到现场，观看训练，了解情况，等现场灯光都亮起来时我才发现，他早已是汗流浃背了。为了多了解情况，韩老师嘴里喊热可是脚下不懒，给我留下了深刻的印象。

前辈们不以成就作为骄傲的资本，不因大台背景而居高临下，不因比赛级别低而忽视工作的专业性，为了做好细节勤于观察并多方了解……我想，这些可贵的品质和态度，既是他们取得成就的原因，也是年轻的后辈们努力学习的榜样。

我理解的传承，第三是对老一辈开创的中国体育解说风格的传承。

中国的体育解说自成一派，与欧洲、南美等地的解说有着明显不同，这一点已经是共识。我们的前辈张之老师，在没有理论参考、无人指导的空白学术环境里，创立了中国式的体育解说风格。宋世雄老师历经三十多年创作实践，用汗水、心血和青春继承、发展了这种风格，为人们所喜爱。这种风格深深影响了中国体育解说快速发展时期的几代人，可以说，今天的体育解说形态都从这种风格发展而来。

这种风格的规律是什么呢？宋世雄老师在《体育转播解说艺术》一文里做了六个方面的总结：精神饱满、情绪高昂；掌握节奏、张弛有度；穿插背景、扩展层面；述评结合、客观公正；轻松幽默、风趣自然；捕捉细节、加强实感。他从内容、情感、尺度、技巧等方面概括了现代体育解说的创作内涵。这既是要求，又是基本规范。新一代体育解说员在不同的媒体平台开创事业、探索不同解说风格时，都应该遵循这样的基本规律，少走弯路、不走错路。如果体育解说能够成为一个专业，那这六个方面应该是这个专业的基石。

体育解说员要以能够从事这个职业为荣，为这个高尚的、充满魅力的职业感到骄傲。要感激我们的前辈，正是他们的努力成就了今天的我们，铺就了我们前行的道路。在这条汇聚着越来越多年轻人的解说之路上，我们应该将老一辈的优良传统与精神心口相传。

所以，在选择之前，一定要看清自己，看懂这个职业。弄清楚这个职业对从业者有什么要求，分析自己是否具备这些基本的能力，并结合自己对体育的喜爱程度判断自己是否具有成为一名解说员的潜质。

你的选择对了吗

1998年到2008年，是中国电视体育成长最快的十年。体育节目和赛事比以往极大地丰富，涌现出一批体育名人和以体育评论为主业的体育“名嘴”。很多节目主持人和体育解说员知名度迅速提升，体育解说成为一种颇具吸引力的职业。

在此背景下，很多传媒领域的学习者、从业者，尤其是播音与主持艺术专业的年轻人，希望通过努力成为一名体育解说员。在我工作的这些年中，也陆陆续续接触到一些这样的年轻人。我曾以过来人的身份给过他们建议，与他们的交流沟通也使我有机会去思考这个问题：怎样才能成为一名解说员？

首先，你必须具备成为解说员的一些基本素质。

对播音与主持艺术专业的年轻人而言，播音主持的专业基础就是体育解说的重要基础。如果你认为解说员这个职业对声音形象和技巧没有严格的要求，只把解说看成是降低门槛进入媒体工作的机会，那可就错了。

体育解说这个工作也许对吐字归音的要求不如新闻播音那样严苛，但在语言的亲和力、表达技巧上却有着更高的要求。解说员每次创作的时间比较长，确实不可能像新闻播音那样，每个细节都精细到位，但整体标准绝不会降低。相反，一些关键片段的创作往往体现出一名解说员在表达技巧、语言组织与创作方面的综合能力以及在政治、文化修养等方面的综合素质。

诚然，在业界确实存在着一些解说员语言不规范的问题。但这种现象存在的原因并不是这个职业的选材标准有所降低，而是媒体在衡量一个解说员价值时，更注重其在专业方面的表现。所以，扎实学好播音主持的专业基本功，对希望从事体育解说的年轻人来说是必需的。

学习播音主持与艺术专业的年轻人在一开始的选拔竞争中还是很有优势的，毕竟选拔解说员和选拔主持人一样，良好的形象和语言优势比较容易赢得媒体和观众的好感。但学校教师所传授的基本语言技能只是学习的起步，提高的过程还很长。如果没有学习的后劲和长期的职业规划，不可能在体育解说这个岗位上有所建树。所以，解说员不吃青春饭。所有立志成为体育解说员的年轻人必须打好语言基础，做好长期学习的准备。

非播音与主持艺术专业的年轻人也有机会成为体育解说员，但前提是在体育知识和综合素养方面的优势特别突出。早在1999年，中央电视台就举办了全国范围的NBA解说员大赛，从学生和各行各业的年轻人里选拔有培养前途的新人来充实解说员队伍。比赛的第二名于嘉学习的是企业管理专业，但如今已经是中央电视台的NBA解说权威了。

在那届比赛考核的内容设置上，媒体对解说员的要求涉及篮球知识、对NBA球队和规则的了解、语言能力、英语水平、即兴解说能力等，相对简单。到2004年中央电视台举办《谁将解说北京奥运会》主持人大赛时，媒体已经不仅仅把解说员当作解说和现场串联的主持人，而是把他们作为一个节目的核心来考量。所以，媒体除了关注他们的体育知识、语言能力等方面的专业性之外，还对解说员解决问题的能力、对传媒的理解、与受众的沟通能力等进行了全方位的考核。比如，在现场解说之外，增加了访谈、新闻播报以及编导能力的考核，体现了媒体对解说员的更高要求。

非播音与主持艺术专业的年轻人如果最终能走上体育解说这条路，一定与他们长期的学习密不可分。在福建体育频道担任解说员的张同同，1999年还是一名体育新闻专业的大学生，在中央电视台NBA解说员大赛中获得上海赛区冠军。毕业后他回到福州工作，成为一名新闻节目编辑。当他第一次向我提出希望担任NBA解说员时，由于他低调且独立的行事风格，我认为他不适合屏幕前的工作，所以没有同意。好在后来这错误得到纠正。他有两件事让我印象深刻，让我感动：一是2009年山东全运会期间，他工作忙碌，只能趁间隙在配音间垫张报纸席地而眠；二是某次我下夜班时发现审片室的灯仍然亮着，是他在里面熬夜补看澳网录像，但那时他还没有接到网球解说任务。后来的实践证明，他是一个风格稳健、很有内涵的优秀解说员。

在我所接触的年轻人里，在新浪体育担任足球解说的盛云飞也给我留下了深刻印象。专业是广播电视播控的他，从一开始就在解说中体现出极强的语言逻辑性以及反应迅速、表达流畅的特点，加上具有对体育项目触类旁通的学习能力，进步很快。为了成为一名解说员，他从大学期间开始积累，毕业后先后在福建电视台和北京电视台实习解说，参加现场采访和制作。投身新媒体体育平台后，他并未因为其他工作而对解说业务有所松懈，在解说学习上韧劲十足。目前他在体育传播领域已经耕耘近十年，如果继续在解说技巧上深入学习和提高，一定会有更大的成就。原网络体育解说员刘雨辰骏的执着令我非常感动。为了参加新传体育组织的NBA解说比赛，他从北京联系到我，希望得到锻炼和指导。他的知识积累丰富，但经验与技巧不足，知识面也相对局限于篮球。最终他获得那次比赛的第一名，得到在新传体育担任体育解说的机会。我偶然在他博客里看到他袒露心声，讲述自己为了追求梦想付出的长期努力，由衷佩服他努力实践的决心与毅力。他的热情值得所有希望从事这个职业的年轻人学习。

体育解说知易行难。在我曾经接触、交流甚至特地为之安排解说试镜的不少年轻朋友中存在的一个普遍问题是，对现有的解说员保持礼貌的评价，实际上却认为其不过如此，觉得自己无论在专业知识还是表达能力上都更胜一筹。然而，在我这里争取到机会后，其中的绝大多数人都在实践面前败下阵来。造成这种现象的原因是这些年轻人对这个职业缺乏真正的了解。因此，年轻人在从事体育解说之前，首先要学会尊重这个职业。如果发现自己的短期记忆能力不好，组织语言的方式很难改变，或是对体育的兴趣只是浮于表面，建议还是及时改变就业方向，这也是对体育解说的一种尊重。曾经有个播音与主持艺术专业毕业的学生在我这里做实习解说，几个方面条件都不错，但是自己一直下不了决心，最终还是放弃了我们提供的机会，回到家乡电视台做了一名体育记者。后来，我在全运会采访中碰到他，发现他工作得有声有色。看来，记者才是他最爱的职业，听从内心的选择是对的。

所以，在选择之前，一定要看清自己，看懂这个职业。弄清楚这个职业对从业者有什么要求，分析自己是否具备这些基本的能力，并结合自己对体育的喜爱程度判断自己是否具有成为一名解说员的潜质。

另外，年轻人必须清楚，要想成为一名解说员，必须有一个长期的职业生涯规划。在体育解说这个行当，不乏数十年如一日的从业者。解说员越是经验老到，越是长于解说感觉的把控，也就越能得到观众的认可。很多解说员已经成为观众收看习惯中的一部分，拥有众多的追随者。比如，对很多上海球迷来说，收看CBA上海大鲨鱼队比赛，享受之一就是王燕宁老师的上海话解说。为此，2011年，在上海队迎来本赛季第一个主场之战的中场休息时，球队老板姚明专门向王燕宁老师赠送球衣表示敬意，这对于解说员来说是一种莫大的荣誉。这时王老师从事体育解说已经有26年之久了。

▲ 姚明向王燕宁赠送球衣

在欧美解说界，那些被追捧的解说大腕往往是50岁以后进入黄金期，还有许多工作到60岁以上的解说员，这真是个老了不会被“嫌弃”的职业。可是反过来看，对于现在有很多选择的年轻人来说，如果成为解说员，可能终其一生也无法在其他自己喜欢的领域有所作为了，你可能要比别人少上千次的周末休息机会，你的家人必须习惯你不时夜出晨归的生活节奏。这对你和你的家人来说，必然需要慎重考虑。

成为一名解说员，还必须做好任人评说的心理准备。

解说员是被体育爱好者关注的公众人物，他们的每句话都可能引发听者不同的反应。好与坏、对与错的评价解说员都要直接面对。解说员力求专业，但观众无须专业。有时观众的评价只是宣泄情绪，这对解说员来说有一种无处讲理的无奈。小错被放大不算什么，无中生有也不稀奇，更有甚者，将一些污言秽语无端强加于你。解说员如果没有坦然自若的心态就难免受到伤害。以上种种都是在选择这个职业前应该做的心理准备。

而且，解说员并不属于高收入群体。

虽然有个别解说员因为受到网络媒体的热捧，传出了高薪签约的消息。但是对大多数解说员来说，这就是一个媒体行业的普通岗位。你做的工作需要和其他同事共同完成。你的才能也谈不上稀缺，所以不会有比其他同事高出太多的收入。价值回报更多的是一种心理满足。所以，以金钱考量职业收益，解说员并非最好的选择，这对于那些对物质生活有较高要求的年轻人来说必须认真考虑。

只有考虑过以上问题，你的选择才可称为真正的选择。

最后，我想对选择解说员作为职业的年轻人说，你因为热爱而来，也要因为热爱而坚持，最终就会因为坚持热爱而收获。

后记

后记

一

1990年，我在北京广播学院（中国传媒大学前身）读播音专业。在这之前，我并没有意识到体育会与我的职业选择有什么关系。尽管我从中学开始就整天混迹于球场，但能幸运地考入北京广播学院就读，对我这个知青的孩子来说，踏踏实实学好专业，做个电视新闻播音员就是最大的愿望。

这一年暑假，北京举办亚运会。因为姥姥、姥爷就住在石家庄，于是我按计划到石家庄电视台实习，了解电视台工作的情况，帮忙做些新闻配音工作。我到不久，刚从中国人民大学毕业的刘建宏也到石家庄电视台报到工作。于是，电视台大楼背后的空场地上开始有了我们踢球的身影。实习生的工作远不如想象的精彩，反而是下午的足球时光留给我清晰的印象。在与石家庄电视台前辈的交流中，我得知正在中央电视台（以下简称央视）转播乒乓球的解说员蔡猛是从河北电视台体育部播音主持的岗位上转调到央视的。这让我非常羡慕，也让我开始意识到原来学播音也是可以当体育解说员的。

暑假一结束，我回到北京的第一件事就是跑到北京电视台，向体育部领导毛遂自荐，希望得到实习的机会。经历了北京亚运会，北京电视台体育部的工作受到更大重视，台领导对体育节目和赛事转播都有很多想法，正是需要人手的时候。当时的部主任田苏东便欣然同意，安排我跟着宋健生老师学习。

北京电视台的实习繁忙得多，我不是在机房看节目学习编辑，就是在配音间拿着新闻稿件和体育专题稿件配音。午休和晚上回家前，我也会躲在机房恋恋不舍地看过去转播比赛的录像。20世纪90代初，在学校一般是看不到电视的，何况这些比赛都是我和我的同学想看又看不到的。这段时间成为我补充体育知识、学会完整分析一场比赛的起步阶段。

我记得，这些比赛既有由宋健生老师解说的比赛，也有录制于央视的比赛，还有一些是原版比赛。一声道是国际声（现场声效），二声道是英文解说。看英文原版比赛，对于在学校上英语"慢班"的我来说十分吃力，经常要抱着英文词典查单词，但也培养了我关注细节的习惯。遇到看不懂的部分，我就向体育部的老师求教。宋健生老师为人平易真诚，总是笑眯眯地给我解答，而汪永年、焦少波、王纪田和李长平等老师也都在转播或是采访的工作中给我很多指导。

正是在这些老师无私的帮助下，从1991年起，大学三年级的我陆陆续续开始了体育专题配音和体育比赛解说的创作实践。这段时间，我开始真正尝试去体会解说是怎么一回事。对于解说的方法和技巧，我则完全从模仿学起。我用当时学生中流行的小型磁带录放机Walkman对着电视或是监视器的喇叭，录下宋世雄、韩乔生、孙正平等老师的比赛解说，带着耳机反复听，把解说内容抄写下来进行分析，并试着自己来解说这些比赛。多年以后，当我了解到我的前辈们也几乎是用同样的方法学习解说时，不禁心生感慨。

毕业季到来了，由于名额的原因，我无法进入北京电视台工作。在面对来自福建电视台的体育解说岗位时，我决定放弃在北京电台和北京有线台工作的机会，远赴千里之外的福州。此时，已经从宁夏的教师岗位调回北京工作的父母对我的决定非常惊讶，但父亲还是支持我、鼓励我实现自己的职业理想：走自己的路，做一名电视体育解说员。1992年7月，在福建电视台的催促下，我13号就来台报到。10天后，巴塞罗那奥运会开幕。那一天，我坐在福建电视台演播厅的解说席上，开始了我的电视体育解说职业生涯。

得益于在北京电视台的锻炼，我的业务水平得到福建电视台领导的充分肯定，使我一参加工作就拥有很好的实践机会。当时，作为福建电视台唯一的专职体育解说员，我与特邀的解说前辈蔡猛和关崇（黑龙江电视台）老师一起，顺利完成了福建电视台第一次奥运会的直播解说任务。得益于两位老师的现场点拨，我对体育解说的创作开始有了规律性的认识。蔡猛老师对于解说员该说什么、该注意什么问题、该如何准备等已经有成熟的思考和总结，我认真地把他的总结记录在两张纸上。这两页手稿于我颇具意义，但很可惜，被一个对解说感兴趣的同事借去后丢失。2011年我和蔡猛老师笑谈此事时，依然不能释怀。

1992年，福建电视台体育节目制作力量还十分薄弱。包括我在内共七个人的体育组隶属于社教部，负责每周制作三档专题节目《体育大观》《足球世界》和《体育世界》。我除了负责这些节目的播音主持工作，还承担起编辑和部分拍摄工作。1994年，福建电视台成立体育台，我看到体育台有转播比赛的机会，主动要求到体育台工作。在当时体育台负责人张晓东的倡议下，我们创办了福建第一档体育新闻节目。该节目在福建电视台一套播出，颇受好评。同年6月，我们全程直播了几乎所有场次的美国世界杯足球赛，这在福建体育传播史上是前所未有的。难忘的是，7月10号恰逢强台风来袭，那晚德国队与保加利亚队的四分之一决赛进行到半场时突然停电，转播被迫中止。我回到宿舍，把从窗户打进来的雨水用脸盆泼出去。第二天来电后，我们得知保加利亚队淘汰了大热的德国队。后来，体育台与省台合并，成立福建电视台体育节目中心，其间历经频道改革。到2004年雅典奥运会时，福建体育频道已经发展到近百人的规模，积累了很多大赛报道经验，并组建起专业的比赛转播团队。雅典奥运会，福建体育频道联合全国20多家地方电视台，在福州建立了后方节目制作中心，组织了近40人的联合报道团队到希腊采访报道，在全国范围内形成了较大的影响。在2010年南非世界杯足球赛和2012年伦敦奥运会期间，福建体育频道再次采取组团联合报道、资源共享的方式，实现了地方体育台在版权资源有限的情况下对大型国际赛事报道的不缺席。

以1992年奥运会为开端，我先后承担了3届奥运会、3届世界杯足球赛以及大大小小各项比赛的转播和解说工作。2004年以后，由于版权管理问题，地方电视台已经不可能大规模转播奥运会、世界杯足球赛这样的大型赛事了，转播范围逐渐缩小到NBA、欧洲足球联赛和国内主要球类项目部分比赛。我也增加了除解说员和体育播音员以外的记者、制片人、频道管理者的角色。但是我对体育解说的业务追求，并没有因为这样的改变而停滞。从亲身实践探索到与更年轻的同行沟通交流，我始终觉得自己责无旁贷。毕竟，我的体育解说之路，从入门到成长再到逐渐把握规律、提升自己，得益于太多业界前辈和电视同行的指导、鼓励。我的老领导、老台长翁星不仅开创了福建体育频道，还非常关注我的解说业务，经常提出批评和改进意见，督促我不断提高。我在福建电视台的同事也经常毫无保留地与我就比赛的认识和解说交换心得，对我提出了很好的建议。我作为北京广播学院播音专业毕业的学生，在播音前辈理论总结的基础上，有责任继续充实和完善它。从发展和提高的角度看，当今中国的体育解说还有很多地方需要规范和总结，我想这也是我们的解说前辈所期望的。

二

1999年，全国首届体育播音员、主持人研讨会在北京召开。很多业界前辈及国内同行汇聚一堂，我有幸参加了这次会议。由于当时国内足球联赛已经发展到市场化阶段，各地体育赛事转播多了起来。体育节目的播音主持，尤其是解说工作正处于一个蓬勃发展的阶段，所以会议把提高体育解说业务作为探讨的重中之重，提出的很多现实问题与探索方向，深刻影响了中国体育解说的业务发展。

由于参会人数比较多，会议以分组讨论的方式进行，最后召开集中的总结会，大会开得很成功。当时来自各地的解说同行很多由于全国性电视转播都已经成为全国球迷熟知的“名嘴”。我幸运地与宋世雄、韩乔生等前辈分在一组，从他们的专题发言中得到很多启发。来自中央电视台的同行由于日常解说中工作量比较大，积累了大量转播不同赛事的经验，他们在一专多能方面积累的经验对我的实际工作很有帮助。在这次会议上，我认真聆听了前辈们的从业经历、锻炼方法，深刻体会到业精于勤、行成于思的道理。这次会议特地邀请了新中国第一代体育解说前辈陈述到场。张之老师由于卧床养病，则由爱人代为出席。

这次研讨会还做了一件很重要的事——出版了一本记录会议上同行们经验的论文集，我的文章以体育新闻播音节奏为主题，有幸也被收录其中。此后，约每两年时间，中央电视台都会牵头组织召开全国电视体育节目主持人大会。因为工作时间冲突等原因，我只参加了2011年在杭州举办的第五届大会。在我看来，十年之间，体育节目主持与解说这个行业发生了很大变化。很多曾经在中国体育传播领域有所建树的主持人、解说员已经不再从事这个行业了，而中央电视台自2008年北京奥运会之后培养的新兴力量正在崛起。这种变化不仅是由于主持人、解说员这个队伍的更新换代，还因为地方体育媒体尤其是省级电视体育媒体的生存空间日渐紧缩，很多电视台已经不再播出体育节目。但可喜的是，以中央电视台和部分网络媒体为代表的体育传媒在传播业务上日渐精进，整体专业化程度不断提高，体育解说水平也在不断提升。

2011年在杭州召开的会议同时举办了业务论文的评选。从这些论文可以看出，相比十年前，体育解说的研究更加细分也更加深化。我的文章《突破“解说门”》有幸被选入三篇获得一等奖的论文之列。我知道，这是解说前辈们对还在地方台继续努力的晚辈的一种默默鼓励，我很感激。这一年，我从事电视体育传播工作正好满20个年头。

三

我在解说比赛的过程中曾与很多体育界专家合作过，他们的指点使我对体育的理解不断加深。

在我转播乒超联赛时，北京乒乓球队的老教练周树森指导我判别运动员的技术特点和战术选择；转播北大清华赛艇对抗赛时，清华大学赛艇队原总教练刘凤武向我讲述赛艇队训练如何与比赛结合的心得体会；两任厦门足球主帅迟尚斌和高洪波关于球队训练规律、阵容与战术安排关系的阐释给我在转播中很多提示；解说世界杯比赛时，足球元老年维泗教我从历史的角度理解中国足球发展规律，用横向的视野理解世界范围内足球技战术发展的特点；转播全国围棋甲级联赛时，曹大元老师关于职业联赛带动地方围棋发展的观点带给我新的解说视角；而福建足球元老倪玉明、20世纪80年代福建足球队的主教练张瑞生老师，带我了解了福建足球的历史和发展现状；20世纪60年代入选国家队的前福建男篮主教练何仁义，对篮球训练方式的沿革、篮球规则历史发展的讲解给我很多启发；排坛名宿、原国家队教练汪嘉伟、邹志华，分别在全运会排球比赛和国内联赛转播期间就各国排球队技术特点以及排球教练临场战术和用人规律进行解析，帮助我更加深入地解读比赛。

不仅是解说，在采访安排等方面，这些体育前辈也给我很多支持，其中就有福建籍的原国家男子举重队总教练陈文斌和原中国女排主教练陈忠和。

我与中国举重队的陈文斌教练相识多年，在工作上有多次交往。出于对媒体的顾虑，很多业内人士对我们不愿多讲，但陈文斌教练把哪些适合报道，哪些出于国家利益必须保密，都交待得很清楚，让我感受到一位善于与媒体沟通的高水平教练的风范。而这些指点也使我在解说比赛时对内容的分寸把握上受益匪浅。每逢奥运会，在多个项目上有冲金实力的中国举重队都是媒体关注的焦点，陈文斌教练对来自家乡媒体的我们给予了很大支持，在雅典、北京、伦敦多次帮我们协调采访工作。尤其是在北京奥运会的采访给我留下的印象最深。69公斤级的双保险之一——福建选手石智勇突然受伤退赛，陈文斌教练的电话马上响个不停。为了争取时间，我请求由我驱车接他往返驻地和赛场，利用这个时机了解情况完成采访。他几经协调，答应了我的请求，使我们得以及时把第一手情况报道给焦急等待的观众。

2003年，中国女排时隔17年重获世界杯冠军，再次登上世界排坛巅峰。备受关注的中国女排队员和教练是新闻媒体竞相采访的目标。繁忙的陈忠和教练专门为我预留了时间，在他狭小的宿舍里让我们顺利完成了采访任务。陈忠和教练还配合我们的节目，从北京赶回福建，没来得及回家就来到演播室。回想起来，他对我们的理解和支持令人感动。此后，我与陈忠和教练一行到他漳州龙海的老家采访。家中的老母亲抓住儿子的手一直不肯松开，我们记录下这个画面，制作了专题片《回家》，这成为当年全国电视体育节目评选中的获奖作品。

四

体育是最好的教育，体育也是一种人生。在学习、工作的过程中，我慢慢明白了这个道理。永远感激我的父母，在我少年时就创造条件鼓励我参加体育锻炼，在我选择体育解说为职业的关键时刻给我充分的支持；永远感谢我的爱人，在我受挫时的陪伴，在我自得时的鞭策。

可以说，从事体育传播20多年来，我的体育梦想都得以实现。我参与过奥运会和世界杯的赛事解说，有时也亲赴现场采访。为了报道奥运圣火采集，我和来自世界各地的体育媒体同行一起，走过希腊的奥林匹斯山下的那一段道路。这些都是对我远在北京的父母和弟弟支持我所选道路的最好回报。我没有大的成就，但在小的舞台也有完美的演出。我知足于此，充满感激。

1988年，荷兰的埃因霍温队与葡萄牙的本菲卡队在纷飞的雪花中争夺欧冠奖杯，雪花让我家的黑白电视看上去愈加模糊。我永远记得父亲扶着电视天线的模样，那是我人生中第一次看到足球电视转播。

▲ 1992年的巴塞罗那奥运会，刚参加工作的我(右一)坐上了福建电视台的直播席

▲ 那时的电视体育转播没有网络，电脑基本是摆设，解说全靠经验积累

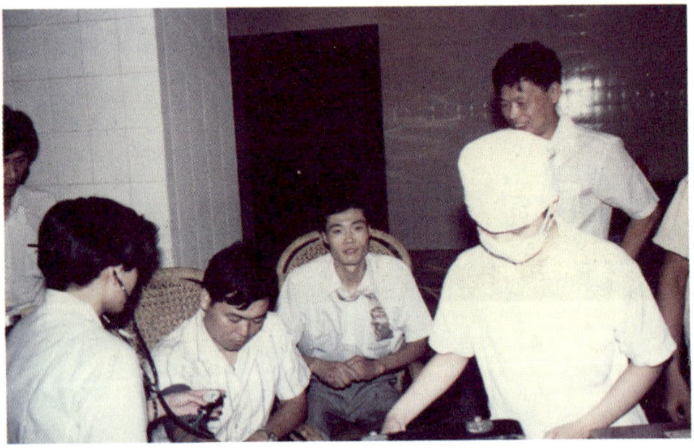

▲ 1992年巴塞罗那奥运会夜间转播，我（左四）因为急性肠炎几乎昏倒在直播台上，被临时送到医院救治。由于我没有替补，第二天晚上，协和医院派出医疗队到直播现场为我治疗。后排站立者是当时的福建电视台副台长翁星

▲ 1992年直播奥运会，于我（左二）、于福建电视台都是头一回，连台里的新闻主播许伟（左一）和赵星（右一）也加入了解说队伍

▲ 1993年，我随师兄张奕（右一）赴秦皇岛采访第七届全运会帆船帆板赛。初到福建，师兄帮我安排吃住，对我颇多照顾

▲ 1994年，我在北京采访第六届远南运动会夺得铅球、铁饼、标枪三枚金牌的“三铁公主”郑培峰（左一）。2006年，该运动会更名为亚洲残疾人运动会

▲ 1996年亚特兰大奥运会的转播现场。这时我面对不同项目的比赛，已经找到规律性的解说技巧了

▲ 我在赛事解说中

▲　1997年，第八届全国运动会期间，采访时任中国男排主教练汪嘉伟（左一）

▲ 1998年法国世界杯期间，有幸与中国足球元老年维泗（左一）搭档解说比赛

▲ 1999年在福建晋江与韩乔生老师（右一）共同解说CBA比赛

▲ 2003年中国女排以11连胜夺得第九届女排世界杯冠军，时隔17年之后重回世界排坛之巅，载誉归来的主教练陈忠和(左一)在福建体育频道接受我们的专访

▲ 2005年高洪波（左一）执教的厦门蓝狮冲超成功，来参加节目录制

▲ 2005年厦门蓝狮冲超成功，当时效力厦门队的杨晨（左一）来参加节目录制

▲ 1999年全国首届体育播音员、主持人研讨会在北京召开，我有幸与前辈们拍下这张珍贵的合影。左二为著名演员陈述，他和张之老师一起开创了新中国体育解说的历史，这次是特邀到会。张之老师因为卧病在床，由爱人（右一）代为出席。左三为刚满60岁，即将从中央电视台解说岗位退休的宋世雄老师

▲ 我的父亲徐连海是第一批北京知青，师范学校毕业后在宁夏陶乐县任教。他热情开朗、喜欢新鲜事物。这张照片是家里买了彩电后父亲特地拍的，我就是在他身旁那个小黑白电视里第一次看到了中央电视台录播的欧冠决赛